Einleitung in die Lateinische Philologie des Mittelalters

AF551964

Vorwort

Eine umfassende, alle Bereiche des Faches ausleuchtende Einführung in die Lateinische Philologie des Mittelalters wurde von Walter Berschin zwischen 1974 und 2005 mehrfach an der Universität Heidelberg als Vorlesung angeboten. Die von ihm korrigierte Fassung des Skripts liegt hier noch einmal behutsam überarbeitet und aktualisiert vor. Für die Publikation wurde die Diktion der Vorlesung beibehalten; Nachweise und bibliographische Angaben sind mit Absicht knapp gehalten. Ziel ist es, dem mediävistisch Interessierten einen umfassenden und lesbaren Überblick über Erkenntnisse und Methoden der mittellateinischen Philologie zu vermitteln. Jenen, die sich bisher dem Mittelalter aus Interesse an der Geschichte und den Nationalliteraturen genähert haben, soll der Weg zur Hauptsprache der mittelalterlichen Literatur gewiesen werden. Der Zugang zum Fach erfolgt in der Tradition des Fachgründers Ludwig Traube, der die mittellateinische Philologie auf die Überlieferungsgrundlage, die Grundlage der mittelalterlichen Handschrift festgelegt hat.

Dem Heidelberger Mattes Verlag ist für die vorbildliche Zusammenarbeit und verlegerische Betreuung des Buches zu danken. Der Band erscheint aus Anlaß des 75. Geburtstages von Walter Berschin, *nec tibi Saxonia satius dat saxea dona.* T. L.

Die Einleitung ist freundlich aufgenommen worden und erscheint nun in einer überarbeiteten und leicht erweiterten Form. Es bleibt zu wünschen, daß die zweite Auflage viele Leser ansprechen und in Zeiten hineinragen kann, in denen unsere Wissenschaft ihre Grundlagen wieder sichert. T. L.

Inhalt

Abkürzungen, Siglen, Zeichen

Die in den neueren Auflagen von Duden, *Rechtschreibung der deutschen Sprache und der Fremdwörter* verzeichneten Abkürzungen sowie einige geographische und grammatische Abkürzungen sind nicht aufgenommen. Die biblischen Bücher sind mit den Siglen der Vulgata-Ausgabe von R. Weber (Deutsche Bibelgesellschaft, Stuttgart) gekennzeichnet.

AB	Analecta Bollandiana
Abh.	Abhandlungen der Akademie (Gesellschaft der Wissenschaften etc., phil.-hist. Klasse etc.)
Acta SS	Acta Sanctorum
AH	Analecta Hymnica Medii Aevi
ALMA	Archivum Latinitatis Medii Aevi
Anz.	Anzeiger
Biographie und Epochenstil	W. Berschin, Biographie und Epochenstil im lateinischen Mittelalter t. 1–5, Stuttgart 1986–2004
BL	British Library
BN	Biblioteca Nacional, Biblioteca Nazionale, Bibliothèque Nationale
c.	caput, capitulum Kapitel
carm.	carmen Gedicht
CC	Corpus Christianorum, Series Latina
ChLA	A. Bruckner / A. Marichal etc., Chartae Latinae Antiquiores [bis zum Jahr 800], Olten/Lausanne etc. 1954–1989
CIL	Corpus Inscriptionum Latinarum
CLA	E. A. Lowe [/ B. Bischoff], Codices Latini Antiquiores t. 1–11 + «Addenda», Mediaeval Studies 47, 1985, p. 317–366 und 54, 1992, p. 286–307
Clm	Codex latinus monacensis
CSEL	Corpus Scriptorum Ecclesiasticorum Latinorum
DA	Deutsches Archiv
epist.	epistola, epistula Brief
facs.	Facsimile-Ausgabe von
gr.	griechisch

Hofmann/Szantyr J. B. Hofmann / A. Szantyr, Lateinische Syntax und Stilistik, ^{2}1972
Hs., hs. Handschrift, handschriftlich
inc. incipit beginnt mit
Jb. Jahrbuch
lin. linea Zeile
Lit. Literaturangaben
MBK Mittelalterliche Bibliothekskataloge Deutschlands und der Schweiz
MGH Monumenta Germaniae Historica
Migne PL J. P. Migne, Patrologia Latina
mlt. mittellateinisch
n. nota Anmerkung
NA Neues Archiv
NS Nova Series Neue Reihe
o., o.g. oben, oben genannt
^{r} recto auf der Vorderseite
rec. recensuit Rezension von
repr. Nachdruck
S. Sanctus,-a der, die Heilige
saec. saeculum Jahrhundert
SB Sitzungsberichte der Akademie (Gesellschaft der Wissenschaften etc., phil-hist. Klasse etc.)
s.n. sine numero ohne Nummer
s.v. sub voce unter dem Stichwort
ser. series Reihe
sq., sqq. sequens, sequentes der, die folgende(n)
suppl. supplementum Ergänzungsband
t. tomus Band
tab. tabula Tafel, Abbildung
ThLL Thesaurus Linguae Latinae
^{v} verso auf der Rückseite
Zs. Zeitschrift
< > dem überlieferten Text hinzuzufügen

I
Übersicht

Dein Ausdrucksziel: das Knappere.
Der Inhalt: Aude sapere!
Alfred KERR

Im Studium und in der wissenschaftlichen Arbeit gibt es im Prinzip zwei subjektive Einstellungen zum Objekt: Identifikation und Distanz, Nähe und Abstand. Beide Verhaltensweisen sind berechtigt, beide haben ihre Schwächen und ihre Stärken. Wer sich identifiziert, neigt dazu, die kritische Distanz zu verlieren; wer sich distanziert, erweckt den Eindruck (den das Wort im Deutschen nahelegt), mit der Sache nichts zu tun haben zu wollen. Positiv gewendet liegt die Stärke der identifizierenden Tendenz in der vergrößernden Nahsicht, der *Mikroskopie*; Distanz ergibt die Chance einer stimmigen *Makroskopie*, einer Fernsicht, die die Proportion zurechtrückt. Beides zu verbinden, ist ein Ideal der wissenschaftlichen Arbeit. Auf diese Einführung angewandt heißt das, daß die Allgemeinheit, die ein Überblick erfordert, immer wieder auf das konkrete Detail zurückgeführt werden soll.

⋆

Das griechische Wort **Philologia** heißt «Liebe zum Wort», «Unterhaltung», aber auch «Liebe zur Sprache, zur Literatur». Es ist ein schöner Begriff, den wir als allgemeine Bezeichnung für unser Tun haben, weil er nicht nur den Gegenstand nennt, sondern auch das Wichtigste, was man mitbringen muß, um dem Gegenstand gerecht zu werden: die Liebe zum Wort (gr. phileō «ich liebe», ho logos «das Wort»). Bis in die Neuzeit hinein hätte das, was wir tun, *Ars grammatica* geheißen. Auch *Grammatica* ist griechischen Ursprungs (to gramma «der Buchstabe»), hat aber keinen so guten Klang wie *Philologia*. Dabei ist er präziser und führt unmittelbar in das Wesen und Problem unserer Arbeit ein. Denn was ist der logos «das Wort»? Wenn gesprochen, kommt es an und ist schon vorüber. Gelegentlich versucht man, es im Gedächtnis zu behalten, selten genug gelingt das. Durch die Übertragung vom Gehörten ins Geschriebene bekommt das Wort Festigkeit und Dauer. *Littera scripta manet*[1], so lautet das Echo, das ein späterer (wer?) auf den Horazvers formuliert hat

et semel emissum volat inrevocabile verbum

«und das einmal gesagte Wort läßt sich nie mehr zurückholen» (*Epist.* I,18,71). Die Umsetzung vom Phonetischen ins Graphische bedeutet Objektivierung – und auch Entfremdung. Das Ergebnis des Umsetzungsprozesses ist der *Text*, der nach wie vor der Hauptgegenstand der Philologie ist. Das alles steckt in der alten Fachbezeichnung *Grammatica*.

Lateinische Philologie bedeutet Beschäftigung mit einer besonders langlebigen Sprachkultur. Fast 2000 Jahre lang war die lateinische Sprache literarisch aktiv, etwa von 200 v. Chr. bis 1800 n. Chr. Die Theaterautoren Plautus und Terenz haben als erste die Massen für das künstlerisch geformte lateinische Wort begeistert, als letzte die *patres comici*, die «Theaterpatres» der Jesuiten und Benediktiner. Der Zeitraum ist enger begrenzt für das *geschriebene* lateinische Wort. Wir wissen zu wenig über die Verbreitung des geschriebenen antiken Buches, um sagen zu können, ab wann lateinische Bücher der sog. Schönen Literatur in größerem Umfang gekauft und gelesen wurden. Der erste Verlagsbuchhändler der Antike, von dem wir detaillierte Kenntnis haben, ist Atticus († 32 v. Chr.), der Verleger Ciceros. Cornelius Nepos hat ihm die schönste seiner kleinen Biographien gewidmet.

Am Ende des Zeitraums sehen wir klar: Die letzten lateinischen Bücher, die ein großes und für die Intelligenz repräsentatives Publikum im Buchladen gekauft hat und die von den jungen Leuten trotz ihres großen Umfangs 'verschlungen' wurden, sind die Romane von John Barclay (1582–1621) gewesen, der *Euphormio* (1605–1607) und die *Argenis* (1621). Schon um die Mitte des XVI. Jahrhunderts übertraf in

---

[1] H. Walther, *Proverbia sententiaeque latinitatis medii aevi* t. 2, Göttingen 1964, nr. 13903.

Frankreich die Zahl der französisch gedruckten Bücher die der lateinischen. Im Heiligen Römischen Reich, bei den Deutschen also, und den damals mit ihnen in einer politischen Einheit lebenden Nachbarn ist es viel später so weit, vielleicht um 1750. Man mag über die Randzonen diskutieren; es bleiben annähernd 2000 Jahre, in denen es eine relevante lateinische Literatur gab, ein für europäische Verhältnisse sehr langer Zeitraum. Das Mittelalter umfaßt etwa die Hälfte davon.

Wenn wir der deutschen Mediävistik folgen, ist unter **Mittelalter** das Jahrtausend von 500–1500 n. Chr. zu verstehen. Freilich ist «Mittelalter» ein unglücklicher, schiefer Begriff, der wie die ähnlich unglückliche Stil- und Epochenbezeichnung «Gotik» nur durch Gewöhnung erträglich geworden ist. Beide Begriffe stammen aus der Periodisierungsarbeit von Humanismus und Renaissance. Der erste Buchtitel, in dem das Wort Mittelalter als Epochenbegriff vorkommt, ist Heinricus Canisius, Antiqua lectio ... ad historiam *mediae aetatis* illustrandam (Ingolstadt 1601 sqq.). Das erste *Schulbuch* zur «Geschichte des Mittelalters» schrieb Christoph Cellarius (Keller), *Historia Medii Aevi*, Zeitz 1688. Es umfaßt die Zeit von Konstantin d. Gr. (306–337) bis zur Eroberung Konstantinopels durch die Türken (1453). Das ist eine schlüssige Begrenzung. Es existieren manch andere Umgrenzungen des Mittelalters. Um nur die Zäsur zwischen Antike und Mittelalter zu erwähnen: Es gibt Wissenschaftler, die das Mittelalter beginnen lassen mit dem Fall Roms (410), dem Ende des letzten römischen Kaisers (476), dem Tod des Boethius (524), dem Untergang der Ostgoten in der Schlacht am Vesuv (553), dem Langobardeneinfall in Italien (568), dem Lebenswerk Cassiodors († 583), dem Tod Gregors d. Gr. (604) oder gar dem des Beda Venerabilis (735).

Man fordert schon hie und da die Abkehr von der 'humanistischen Dreiteilung' Antike/Mittelalter/Neuzeit. Aber die angebotenen Alternativen sind wenig verlockend. Es gab einen «Convegno Arte del Primo Millennio» in Pavia 1950. «Das erste Jahrtausend» lautete der Katalogtitel zur Ausstellung «Werdendes Abendland an Rhein und Ruhr» in Essen 1956. Das erste Jahrtausend/das zweite Jahrtausend, so könnte man die westeuropäische Geschichte gliedern. Aber methodisch wäre dies ein Rückfall ins XVI. Jahrhundert, zu Matthias Flacius Illyricus und den Magdeburger Centuriatoren, die Kirchengeschichte Jahrhundert für Jahrhundert schrieben. Das historische Denken des Abendlands hat in langer Arbeit an die Stelle dieser mechanisch-chronologischen Geschichtseinteilung eine lebendige, in Epochen gegliederte Anschauung gesetzt. Für die Geschichte der lateinischen Schrift, Sprache und Literatur liegen tiefe Zäsuren im III. und IV. Jahrhundert nach Christus, andererseits im XV. bis XVIII. Jahrhundert, so daß die Philologie gegenwärtig dazu tendiert, den Begriff Mittelalter für einen deutlich über 1000 Jahre liegenden Zeitraum zu gebrauchen bzw. explizit zu modifizieren.

Schließlich ist zum Wort **Einleitung** etwas zu sagen. Es ist der einfachste Nenner, auf den sich unser Vorhaben bringen läßt. Hier soll vieles zur Sprache kommen, was in Seminaren, Übungen und Lektürekursen selten geboten werden kann, zum Beispiel eine kleine Geschichte des Mittellateins als Universitätsfach, eine historische Einleitung in die Paläographie, ein Gesamtüberblick über die Geschichte der lateinischen Sprache. Der Band will einführen und zusammenfassen und die fachspezifischen Fragestellungen und Techniken möglichst klar aufzeigen.

⋆

Hier mag ein Leser, der Zugang zu einer guten mittellateinischen Bibliothek hat oder sich selbst eine solche aufgebaut hat, Zweifel anmelden. Gibt es nicht schon genug Einführungen in die Lateinische Philologie des Mittelalters? Sind nicht seit dem Jahr 1911 mindestens 16 solcher Einführungen erschienen, die ganz oder teilweise dem Mittellatein gewidmet sind? In der Tat sieht die Liste dieser Publikationen eindrucksvoll aus:

Einführungen in die Lateinische Philologie des Mittelalters

P. **Bourgain** / M.-C. **Hubert**, *Le latin médiéval*, Turnhout 2005

G. **Caliò**, *Il latino cristiano*, Bologna 1965

G. **Cremaschi**, *Guida allo studio del latino medievale*, Padua 1959

M. **Goullet** / M. **Parisse**, *Apprendre le latin médiéval*, Paris [3]2005 (dt. Übersetzung Hamburg 2010)

F. **Graf** (ed.), *Einleitung in die lateinische Philologie*, Stuttgart/Leipzig 1997

K. P. **Harrington**, *Medieval Latin*, Chicago ^{2}1962; revised by J. Pucci. With a grammatical introduction by A. Goddard Elliott, 1997

U. **Kindermann**, *Einführung in die lateinische Literatur des mittelalterlichen Europa*, Turnhout 1998

H. **Kusch**, *Einführung in das lateinische Mittelalter* t. 1: Dichtung (mehr nicht erschienen), Berlin 1957 (gleichzeitig Darmstadt 1957)

K. **Langosch**, *Lateinisches Mittelalter.* Einleitung in Sprache und Literatur, Darmstadt ^{5}1988 (Die 4. und 5. Auflage sind unveränderte Nachdrucke der 3. Auflage von 1975)

F. A. C. **Mantello** / A. G. **Rigg** (edd.), *Medieval Latin.* An Introduction and Bibliographical Guide, Washington/D.C. 1996; ^{2}1999 («with minor corrections»)

M. R. P. **McGuire** / H. **Dressler**, *Introduction to Medieval Latin Studies.* A Syllabus and Bibliographical Guide, Washington/D.C. ^{2}1977

D. **Norberg**, *Manuel pratique de latin médiéval*, Paris 1968

V. **Paladini** / M. **De Marco**, *Lingua e letteratura mediolatina*, Bologna 1970

G. **Pepe**, *Introduzione allo studio del Medioevo latino*, Bari ^{4}1969

K. **Strecker**, Einführung in das Mittellatein, Berlin ^{3}1939
–, *Introduction à l'étude du latin médiéval.* Traduite de l'allemand par P. van de Woestijne, Lille/Genf ^{3}1948
–, *Introduction to Medieval Latin.* English Translation and Revision by R. B. Palmer, Berlin ^{2}1963

L. **Traube**, *Einleitung in die lateinische Philologie des Mittelalters*, ed. P. Lehmann, (Vorlesungen und Abhandlungen, ed. F. Boll, t. 2) München 1911

Am Anfang der Liste steht die neueste unserer Einführungen, eine mit 578 Seiten besonders umfangreiche. Dabei beschränkt sich die Perspektive des Buchs auf Sprache und Stil des Mittellateinischen, also nur einen der vier Bereiche des Fachs, wie es Ludwig Traube konzipiert hatte. Das Buch ist dreigeteilt: Auf p. 15–70 steht eine Skizze lateinischer Sprachgeschichte vom spätantiken Latein ('Spätlatein') bis zum scholastischen Latein. Auf den folgenden 50 Seiten findet sich eine Auflistung von sprachlichen Besonderheiten, die im Mittellateinischen vorkommen. Die restlichen 440 Seiten bieten 102 Textausschnitte aus der mittellateinischen Literatur mit sprachlichen Erläuterungen, manchmal mit Verweis auf weiterführende Literatur, manchmal ohne (z. B. bei der *Passio SS. Perpetuae et Felicitatis*, p. 345sqq.). Die starke Präsenz von urkundlichem Material könnte mit der Entstehung dieser Sammlung zu tun haben (Übungstexte an der Ecole des Chartes?). Unübersehbar ist die französische Orientierung der Texte und Erläuterungen. Die jetzt in Frankreich eigentlich überwundene Mißachtung aller Sprachen außer dem Französischen ist hier noch einmal durchgeschlagen[2]. Es wird ein Mittellatein vorgestellt ohne Ludwig Traube, Paul Lehmann und Bernhard Bischoff. Aus Bulst wird Bülst (p. 12) und aus Langosch: Langosh (auch im Register). Doch soll das letzte Wort hier zu diesem Buch nicht ein solches der Kritik sein: Vielfach berücksichtigt und auf p. 403sqq. gut dargestellt ist die Satzschlußtechnik, der Cursus.

Guiseppe **Caliò**, *Il latino cristiano*. Das 177 Seiten umfassende Buch ist 1965 im Bologneser Verlag Patròn erschienen, einem Verlag, der auch Vorlesungstyposkripte druckte und manches zugänglich machte, was sonst schwerlich publiziert worden wäre. Eine solche Vorlesung ist Caliòs *Latino cristiano*. Der Kurienkardinal Antonio Bacci – lateinischer Stilist im Dienst von vier Päpsten – hat dem Buch ein Vorwort beigegeben, aus dem wir erfahren, daß Caliò am «Seminario Regionale di Catanzaro», also einem Priesterseminar in Kalabrien, unterrichtet hat. Caliòs Kritik am Humanistenlatein im Umfeld der Päpste ist für Bacci zu scharf. Dies führt sogleich zu dem Punkt, der das Buch charakterisiert: Es wird die sprachliche Entwicklung des Lateinischen dargestellt im Hinblick auf die Eignung der jeweiligen Stilstufe für die Wiedergabe christlicher Inhalte. Für Caliò ist es z. B. ein Irrweg, wenn Lactantius versucht, das Fremdwort *ecclesia* durch *conventiculum* zu ersetzen, oder Hilarius von Poitiers programmatisch verkündet: *Vigilandum … et curandum est, ut nihil humile dicamus* (p. 72sq.). Der Ausgleich, den Ambrosius, Hieronymus und Augustinus zwischen dem

[2] Mag die Sint Pietersabdij im belgischen Steenbrugge noch so berühmt sein (weil von ihr das *Corpus Christianorum* ausging) – es scheint unmöglich, so etwas Flämisches ohne Fehler zu transportieren (p. 63). Zitate deutscher Büchertitel bringen es auf bis zu fünf Schnitzern (p. 422 oben, 424 erste Literaturangabe). Aber auch das Italienische ist vor Entstellungen nicht gefeit.

klassizistischen Purismus und dem rohen Christenlatein der Anfangszeit gefunden haben, gilt ihm als maßgeblich. Im *Canon missae* des *Ordo Romanus* der Liturgie sieht er «il più grande trionfo della latinità sul semitismo biblico e sul dionisismo retorico sacro e profano» (p. 127). Das Buch hat keine Anmerkungen; ein Nacharbeiten des Materials ist schwer möglich.

Der Schwerpunkt der *Guida allo studio del latino medievale* von **Cremaschi** liegt ebenfalls auf der Sprachgeschichte; fast die Hälfte des 240 Seiten umfassenden Buches ist ihr gewidmet. Daneben hat sich Cremaschi bemüht, auch die anderen Bereiche der lateinischen Studien zur Sprache zu bringen; Paläographie und Literaturgeschichte kommen vor. Man erhält ein zutreffendes Bild vom Stand des Faches im Jahr 1959; insofern ist das Buch von historischem Interesse. Heute noch aktuell sind die Seiten, die Cremaschi der Frage widmet, warum diese Wissenschaft in Frankreich so auffällig nachhinkt (p. 149–152). Hier sieht Cremaschi die im französischen Nationalismus des XIX. Jahrhunderts entwickelte «dottrina dei mondi separati» am Werk: «la latinità è ricacciata nell'ombra come pesante, artificiosa, morta; le letterature volgari attraggono tutta l'attenzione e tutte le simpatie» (p. 149sq.).

Einen mutigen und offensichtlich erfolgreichen Versuch, frankophone Mediävisten mit schwachen Lateinkenntnissen oder gar ohne solche möglichst direkt an das Latein der mittelalterlichen Quellen heranzuführen, unternahmen Monique **Goullet** und Michel **Parisse** mit dem Buch *Apprendre le latin médieval*, das den Untertitel trägt *Manuel pour grands commençants* («Handbuch für blutige Anfänger»). Grammatik, Wortliste, Anthologie und viele nützliche Hinweise sind auf 214 Seiten untergebracht. Auch die Bebilderung mit Ausschnitten aus dem «Weißenauer Passional» (um 1200), das bis 1948 in Sigmaringen lag, seitdem in Cologny-Genf (Bodmer Ms. 127), führt direkt ins Mittelalter, auf dessen europäische Dimension der Leser unaufdringlich, aber kompetent immer wieder hingewiesen wird.

Die von Fritz **Graf** herausgegebene umfangreiche *Einleitung in die lateinische Philologie* wendet sich in erster Linie an Klassische Philologen; aber sie behandelt auch das nachklassische Latein unter mancherlei Gesichtspunkten, z. B. im Abschnitt «Geschichte der lateinischen Sprache» (Johannes Kramer p. 115–162), «Die mittellateinische Literatur» (Jan Ziolkowski p. 297–322), «Die neuzeitliche lateinische

Literatur» (Walther Ludwig p. 323–356). Der besondere Ansatz der Lateinischen Philologie des Mittelalters, wie ihn Traube gefunden und formuliert hat, kommt freilich nicht zum Vorschein. Die insgesamt lesenswerte Lektüre ist leicht beeinträchtigt durch einige Nachlässigkeiten, die in der nächsten Auflage des Handbuchs in Ordnung gebracht werden könnten[3].

Harringtons *Medieval Latin* ist eine Anthologie mit knappen Erläuterungen; das Buch war schon bei seinem ersten Erscheinen (1925) in Teilen überholt. Beispiel: Auf p. 233–235 steht die Sequenz:

Veni, sancte spiritus
Et emitte caelitus
Lucis tuae radium ...

unter dem Titel «Robertus, Galliae rex» [996–1031]. Man wundert sich, daß dieses von frühgotischer Lichtmetaphorik durchdrungene Gedicht so lange um Jahrhunderte zu früh datiert wurde. Spätestens seit 1915 weiß man aber, daß es um 1200 entstanden ist. Den Beweis ergab die Sichtung der Handschriften[4] mit dem Befund, daß in keinem Sequentiar des XI. und frühen XII. Jahrhunderts die später so beliebte Sequenz enthalten ist.

Das nicht unproblematische Buch ist 1997 durch Joseph Pucci so bearbeitet worden, daß eigentlich etwas Neues daraus geworden ist. Die Auswahl der Stücke ist verbessert, die lateinischen Texte sind sorgfältig gedruckt[5]. Die sprachlichen Erläuterungen helfen dem, der Klassische Philologie studiert oder studiert hat, die Entwicklung zu erkennen. Bei

---

[3] Auf p. 111 der Appendix (statt «die»); – p. 153 «ein Albinus magister»; das ist Alkuin; – p. 331: Es rührt fast an ein Tabu, das zu berichtigen: Georg Ellinger starb nicht in einem Lager, sondern – leider und ebenso schrecklich – durch Selbstmord 1939 in Berlin.

[4] C. Blume / H. M. Bannister, AH t. 54, Leipzig 1915, p. 234–239. Die Sequenz steht im *Missale Romanum* in den Meßformularen vom Pfingstsonntag bis zum Samstag in der Pfingstwoche.

[5] Allerdings nicht immer nach den besten Ausgaben. Hrotsvits Dulcitius z. B. wird gedruckt nach F. Bertini, *Rosvita: Dialoghi drammatici*, Mailand 1986. Daraus stammt der Genetiv *martiri* statt *martirii* im letzten Satz des Dramas, den Pucci für bare Münze nimmt und auch noch kommentiert. Es handelt sich aber um einen bloßen Druckfehler der Vorlage. In der Münchner Hrotsvit-Hs. Clm 14485 steht *martirii*, und so drucken auch die bei Teubner erschienenen Ausgaben.

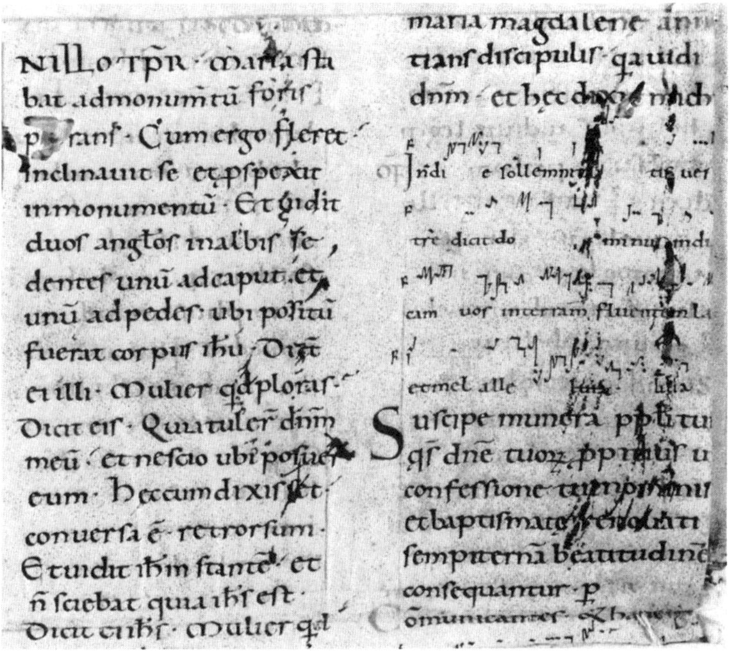

Abb. 1 Providence/Rhode Island, Brown University, John Hay Library, Einzelblatt aus einem Missale in karolingischer Minuskel. Die Melodie ist in beneventanischen Neumen (mit Schlüsselbuchstabe F am Beginn der Zeile) aufgezeichnet (Hinweis Prof. M. Bielitz). Süditalien um 1100. Publiziert von K. P. Harrington / J. Pucci, *Medieval Latin*, Chicago ^{2}1997, p. 298.

den literaturgeschichtlichen Erläuterungen wäre mehr Berücksichtigung der Literatur hilfreich gewesen, die nicht englisch geschrieben ist. Die Ausstattung des Bandes mit Handschriftenreproduktionen einer amerikanischen Sammlung ist als Idee gut und zielführend, weil dies das Mittellatein als eine handschriftenbasierte Philologie zeigt. Die Beschreibung der Handschriftenfotos aber ist manchmal ergänzungsbedürftig. Beispiel p. 298 (unsere Abb. 1).

Im Begleittext wird das Fragment beschrieben als «Hymnary (with neumes) ... after 1000 ... neat Carolingian minuscule». Der neumierte Text rechts, der zu der Fehlbezeichnung geführt hat, ist aber kein Hymnus, sondern eine Offertoriums-Antiphon, und das ganze Blatt ist Teil

356 De V die infra Octavam Paschæ

Allelúja, allelúja. ℣. Surréxit Christus, qui creávit ómnia: et misértus est humáno géneri.

Sequentia

Victimæ pascháli laudes ímmolent Christiáni.
Agnus redémit oves: Christus ínnocens Patri reconciliávit peccatóres.
Mors et vita duéllo conflixére mirándo: dux vitæ mórtuus regnat vivus.
Dic nobis, María, quid vidísti in via?
Sepúlcrum Christi vivéntis: et glóriam vidi resurgéntis.
Angélicos testes, sudárium et vestes.
Surréxit Christus, spes mea: præcédet vos in Galilǽam.
Scimus Christum surrexísse a mórtuis vere: tu nobis, victor Rex, miserére. Amen. Allelúja.

✠ Sequéntia sancti Evangélii secúndum Joánnem
Joann. 20, 11-18

In illo témpore: María stabat ad monuméntum foris, plorans. Dum ergo fleret, inclinávit se et prospéxit in monuméntum: et vidit duos Angelos in albis, sedéntes, unum ad caput et unum ad pedes, ubi pósitum fúerat corpus Jesu. Dicunt ei illi: Múlier, quid ploras? Dicit eis: Quia tulérunt Dóminum meum: et néscio, ubi posuérunt eum. Hæc cum dixísset, convérsa est retrórsum, et vidit Jesum stantem: et non sciébat, quia Jesus est. Dicit ei Jesus: Múlier, quid ploras? quem quæris? Illa exístimans, quia hortulánus esset, dicit ei: Dómine, si tu sustulísti eum, dícito mihi, ubi posuísti eum: et ego eum tollam. Dicit ei Jesus: María. Convérsa illa, dicit ei: Rabbóni (quod dícitur Magíster). Dicit ei Jesus: Noli me tángere, nondum enim ascéndi ad Patrem meum: vade autem ad fratres meos et dic eis: Ascéndo ad Patrem meum et Patrem vestrum, Deum meum et Deum vestrum. Venit María Magdaléne annúntians discípulis: Quia vidi Dóminum, et hæc dixit mihi. Credo.

Offertorium Exodi 13, 5

In die solemnitátis vestræ, dicit Dóminus, indúcam vos in terram fluéntem lac et mel, allelúja.

Secreta

Súscipe, quǽsumus, Dómine, múnera populórum tuórum propítius: ut, confessióne tui nóminis et baptísmate renováti, sempitérnam beatitúdinem consequántur. Per Dóminum nostrum.

Altera Secreta, ut supra 354.

Præfatio. Communicántes et Hanc ígitur, ut in die Paschæ. ←

Communio 1 Petri 2, 9

Pópulus acquisitiónis, annuntiáte virtútes ejus, allelúja: qui vos de ténebris vocávit in admirábile lumen suum, allelúja.

Postcommunio

Exáudi, Dómine, preces nostras: ut redemptiónis nostræ sacrosáncta commércia, et vitæ nobis cónferant præséntis auxílium, et gáudia sempitérna concílient. Per Dóminum nostrum.

Altera Postcommunio, ut supra 354.

Abb. 2 Missale Romanum, Regensburg [30] 1956, p. 356. Formular der Messe am Donnerstag nach Pfingsten. Die Texte sind über ein Jahrtausend und mehr dieselben geblieben, sogar die letzte lesbare Zeile der rechten Spalte des amerikanischen Fragments (Abb. 1) *Communicantes et Hanc* läßt sich mithilfe des Missale-Drucks verstehen. Die ursprüngliche Größe des Schriftblocks des Fragments (Abb. 1) ist anhand der behandelten Textmenge, die abgeschnitten wurde, zu errechnen.

eines Meßbuchs (Missale) mit dem Formular des Donnerstags der Osteroktav, so wie es in jedem zwischen 1570 und 1963 (letzte ‘Editio typica’) gedruckten lateinischen Meßbuch zu finden ist (Abb. 2).

Einzigartig unter den mittellateinischen Einführungen ist der neue Harrington allerdings durch seine mehrfachen diskreten, aber unübersehbaren Hinweise darauf, daß die Mittelalter-Philologie auch irgendwo in der modernen Literatur zuhause sein sollte; Harrington/Pucci empfehlen Gerard Manley Hopkins (1844–1889) – ein glänzender Tip für den Mediävisten[6].

Die 176 Seiten umfassende mit Anmerkungen versehene *Einführung in die lateinische Literatur des mittelalterlichen Europa* von Udo **Kindermann** (1998) sieht sich in der Nachfolge des Buchs *Lateinisches Mittelalter* von Karl Langosch. Der beste und modernste Teil des Buchs betrifft die Lehre von der Auslegung, die Hermeneutik (p. 89–105). Überflüssig ist der Anhang «Häufige Abkürzungen in Handschriften» (p. 155–163)[7].

Horst **Kusch**s *Einführung in das lateinische Mittelalter* erscheint auf der Liste wegen des Titelwortes «Einführung». Es handelt sich hier um eine Anthologie, mit einer repräsentativen Auswahl lateinischer Dichtungen (teilweise gekürzt) der Zeit zwischen 600 und 1200 (und wenigen Texten aus früherer und späterer Zeit). Die lateinischen Texte sind zuverlässig wiedergegeben; die deutschen Übersetzungen unpoetisch, aber hilfreich.

Karl **Langosch**s *Lateinisches Mittelalter* ist in erster Auflage 1963, in fünfter und letzter 1988 erschienen. Auf 100 Seiten werden (ohne Anmerkungen) lateinische Sprachgeschichte und lateinische Litera-

---

[6] «Bei kaum einem anderen englischen Dichter, ja, bei kaum einem anderen Dichter der Weltliteratur, ist Natürliches und Übernatürliches so eng und unauflösbar miteinander verknüpft ...», U. CLEMEN, in G. M. HOPKINS, *Gedichte, Schriften, Briefe*, ed. H. RINN, München 1954, p. 20.

[7] Angesichts der *Notae latinae* von W. M. LINDSAY / D. BAINS, Hildesheim ²1963. Die geschichtliche Perspektive, die TRAUBE in die Paläographie eingeführt hat, ist in dieser Einführung kaum zu finden. Beispiel p. 155: «autem: **a̅t̅** ħ». Hier wäre die fast ebenso alte Kürzung **a̅u̅** und die dritte kontinentale Möglichkeit **a̅u̅t̅** anzufügen. Das kommentarlos neben **a̅t̅** gesetzte h mit kleinem, nach unten offenen Bogen rechts ħ (aus dem a der tironischen Noten, das die Form eines h zeigt) ist die klassische Form einer 'insularen' Kürzung. Wenn diese Kürzung etwa in 'karolingisch' geschriebenen Handschriften auftaucht, dann sind insulare Schreiber oder insulare Vorlagen nachweisbar. Um zu zeigen, daß es sich lohnt, die autem-Kürzung aufmerksam zu registrieren, sollte auch **a̅u̅m̅** noch angeführt werden; sie ist ein Merkmal spanischer Handschriften.

turgeschichte des Mittelalters in ihren Besonderheiten vorgestellt; in den Literaturhinweisen finden sich erfrischend klare Stellungnahmen[8] und Hinweise auf Werke des XVI. bis XVIII. Jahrhunderts, die immer noch nicht als veraltet angesehen werden dürfen. Man erfährt manch interessantes Detail; gut gewählte Beispiele erläutern den Text. Daß die Mittellateiner gut daran tun, sich beim Konjizieren (Änderungen gegenüber dem überlieferten Text) zurückzuhalten, wird so exemplifiziert: «Ein meisterhafter Editor wie K. Strecker ließ erst in der 3. Auflage des *Waltharius* zwei Konjekturen im Prolog weg» (p. 53). Gemeint ist der Geraldus-Prolog, einer der meistdiskutierten Texte des lateinischen Mittelalters, dessen v. 13 lautet (MGH Poetae t. 5, p. 407):

Quod precibus dominum iugiter precor omnitonantem

«Was ich im Gebet ständig vom Herrn, dem Alldonnerer, erflehe». Das letzte Wort lautete in früheren Ausgaben Streckers *omnitenentem*, und im Apparat war zu lesen: «omnitonantem γ, corr. W. Meyer». Das heißt: Alle Handschriften haben *omnitonantem* (γ steht für «Geraldusklasse», und nur dieser Teil der Waltharius-Überlieferung hat den Prolog), korrigiert von Wilhelm Meyer aus Speyer. Der Grund für diesen Eingriff war, allgemein gesprochen, daß man im XIX. Jahrhundert das Latein der Kirchenväter kaum kannte, in dem *omnitonans* bestens belegt ist, womit die 'Korrektur' sich eigentlich als eine Verfälschung des originalen Textes erwies. Der nur 22 Verse umfassende Geraldus-Prolog enthält drei solcher warnend-lehrreicher Stellen[9]. Langoschs *Lateinisches Mittelalter* kann als knappes Lehrbuch immer noch empfohlen werden; der Mittellateiner sollte sich aber bewußt

[8] Z. B. über das von F. Blatt begonnene *Novum glossarium mediae latinitatis*, das mit dem Buchstaben L anfängt: «ein verfrühtes, sachlich nicht zu rechtfertigendes Unternehmen» (p. 48). Man kann da anderer Ansicht sein und muß es vielleicht auch, wenn Langosch, p. 14 die Traubesche *Einleitung* abkanzelt als: «muß in der Grundeinstellung korrigiert werden».

[9] Nicht nur zwei, wie Langosch schreibt. Die zweite Stelle ist v. 19 *Ludendum magis est, dominum quam sit rogitandum* «Kommt es mehr darauf an, Kurzweil zu treiben, als daß man zum Herrn bete» (wo derselbe W. Meyer das allein überlieferte *sit* durch *si* ersetzen wollte); die dritte ist v. 20 *Perlectus longevi stringit inampla diei* «dann verkürzt [die Lektüre] die Langeweile des Tages». Hier edierte Strecker noch 1924 statt *inampla*: *is ampla*, weil er noch nicht bemerkt hatte, daß das Wort

sein, daß nur zwei der vier Teilgebiete der Lateinischen Philologie des Mittelalters behandelt sind, Sprachgeschichte und Literaturgeschichte. Es fehlt – von einigen praktischen Hinweisen abgesehen – die Paläographie, und auch die Überlieferungsgeschichte ist ganz anders und viel enger konzipiert, als das Traube vorgeschlagen hätte. Sie ist für Langosch nur Überlieferung der Mittellateinischen Literatur selbst und nicht die jeweils verschiedene Spiegelung der Klassischen Literatur in den Epochen des Lateinischen Mittelalters.

Die bisher umfangreichste Einführung ist von **Mantello** und **Rigg** 1996 bei der Catholic University of America Press in Washington/D.C. herausgebracht worden: *Medieval Latin.* An Introduction and Bibliographical Guide (774 S.). Auch diese Einführung beschränkt sich auf Sprache und Literatur; Paläographie[10] und Überlieferungsgeschichte bleiben beiseite. Eine Besonderheit des Bandes ist die breit aufgefächerte sprachliche und literaturhistorische Behandlung von Spezialgebieten. Man findet z. B. unter «Varieties of Medieval Latinity» einen Abschnitt «Canon Law» (John Gilchrist p. 241–253), in dem u.a. die *74-Titel Sammlung* sprachlich als frühes Denkmal der Kleruskirche Gregors VII. charakterisiert ist; dann werden die Besonderheiten des Zitierens aus Gratians *Concordantia discordantium canonum* (= *Decretum* um 1140) und seiner Nachfolger erläutert. Freilich zeigt dieses Beispiel die Gefahr der breiten Behandlung von Spezialgebieten. Wird der Mittellateiner, der mit kanonistischen Texten zu tun hat, hier in *Medieval Latin* nachschlagen oder nicht besser ein einschlägiges Werk der Kanonistik – die eine eigene Wissenschaft ist – zur Hand nehmen, z. B. die *Historia iuris canonici latini* von Alfons Stickler (t. 1 *Historia fontium*, Rom ^{3}1985)? In Sticklers erfolgreichem (lateinischem) Lehrbuch ist z. B. auf p. 215sq. («De modo citandi Decretum») die kanonistische Zitierweise bestens dargestellt. Insgesamt erfährt man in *Medieval Latin* eine Menge aufschlußreicher Details; man wird den Band punktuell und in Auswahl mit Gewinn benützen.

---

inampla auch bei Walther v. Speyer vorkommt (MGH Poetae t. 5, p. 58 lin. 83).

[10] Deswegen kommt der Begriff *Littera Bononiensis* nur im Abschnitt «Roman and secular law» vor und bedeutet das Corpus iuris civilis (p. 255); daß mit *Littera Bononiensis* paläographisch eine italienische Form der gotischen Schrift bezeichnet wird, die auch Rotunda heißt, findet keine Erwähnung.

Die zuerst 1959, in zweiter Auflage 1977 erschienene *Introduction to Medieval Latin Studies* von **McGuire/Dressler** wird durch den Untertitel beschrieben: A Syllabus («Übersicht») and Bibliographical Guide. Beides ist nunmehr überholt durch den Band von Mantello/Rigg.

Dag **Norberg**s *Manuel pratique de latin médiéval* besteht aus zwei Teilen von je ca. 100 Seiten. Der erste Teil enthält eine «Brève histoire du latin médiéval», die besonders auf die Tendenzen der lateinischen Sprachgeschichte achtet, die zu den romanischen Sprachen führen. Charakteristisch für Norbergs Ansatz ist die enge Verbindung von Sprachgeschichte und Metrik bzw. Rhythmik. Der zweite Teil enthält sorgfältig gewählte Textbeispiele[11], deren lexikalische, morphologische, syntaktische und stilistische, gegebenenfalls auch metrisch/rhythmische Besonderheiten von Fall zu Fall erklärt sind. Auch hier gilt das Interesse den auf die romanischen Sprachen weisenden Texten. Obwohl 'nur' Sprachgeschichte, ist das Buch Pflichtlektüre für alle Mittellateiner, die an der Verbindung von Mittellatein, romanischen Sprachen, Metrik und musikalischen Formen interessiert sind.

Als ein Werk von 317 Seiten präsentiert sich **Paladini/DeMarco**, *Lingua e letteratura mediolatina* (1970), das nur gelegentlich Anmerkungen enthält, aber durch Zwischentitel, Bibliographie und Register erschlossen ist. Die Einteilung entspricht dem Titel: Teil 1 handelt – oft recht abstrakt – von der Sprache, einschließlich Metrik, Rhythmik und Rhetorik, Teil 2 von der Literaturgeschichte. Die Verfasser betonen den schöpferischen Aspekt des Mittellateins («Innovazioni tipiche» p. 103sqq.). Ungewöhnlich ist die Gliederung der lateinischen Literaturepochen des hohen Mittelalters. Auf die karolingische Literatur folgt die «Età della letteratura feudale», unter der das X. Jahrhundert verstanden wird. Mit dem Jahr 1000 beginnt bereits die «Età della letteratura scolastica», an die sich im XIII./XIV.Jahrhundert eine «Età della letteratura erudita» anschließt[12]. Bald nach 1340 endigt in italienischer Perspektive das Mittelalter und es beginnt (mit Petrarca und Boccaccio)

[11] Das Buch ist außerordentlich sauber und fehlerfrei gesetzt. Ein Corrigendum auf p. 135: Eulogius war nicht «archevêque de Cordoue», sondern blieb Priester.

[12] Diese Einteilung gebrauchte nach L. Alfonsi, *La letteratura latina medievale*, Florenz/Mailand 1972, p. 9 schon der Literaturhistoriker Filippo Ermini.

der Frühhumanismus. Einer guten Tradition Italiens[13] folgend werden auch die Übersetzungen aus dem Griechischen und Arabischen ins Lateinische als Teil der Literaturgeschichte gewürdigt. Das Buch ist nicht leicht nachzuarbeiten[14]. Wer z. B. auf p. 78 mit Verblüffung liest, daß die Stabat mater-Strophe

Lebuine, confessorum
Praecellens flos, qui polorum
Regna scandis ardua

«Du, Lebuin, der Bekenner
herrliche Blume, der du des Himmels
hohe Gefilde erklimmst ...»

Wort für Wort rückwärts gelesen sich in Hexameter fügt

... ardua scandis regna polorum
Qui flos praecellens confessorum, Lebuine,

und sich dann fragt, zu welcher Epoche solch aberwitzig virtuose Kunststücke entstanden, der muß schon über eine gut ausgestattete Bibliothek verfügen, um herauszubekommen, daß das Gedicht vom Niederrhein (Deventer) stammt und um 1462 belegt ist[15].

Gabriele **Pepe**, *Introduzione allo Studio del Medioevo latino*, Bari ^{4}1969, ist für Historiker geschrieben – für solche allerdings, die gewillt sind, sich mit Philologie (und Philosophie) auseinanderzusetzen. Auf

---

[13] Sie geht zurück auf G. Tiraboschi, der 1772–1782 in Modena eine 13bändige *Storia della Letteratura Italiana* publizierte (Florenz ^{2}1805–1813).

[14] Was aber nötig wäre. Der kritische Leser wird sich bei p. 67 fragen, auf welcher Quelle es beruht, daß Notker I. die Entwicklung der liturgischen Tropen beeinflußt haben soll. Auf p. 70 wird Wipo († nach 1046) als Gründer der Abtei St. Emmeram bei Regensburg bezeichnet, die damals schon längst existierte. Auf p. 154 wird Walahfrid Strabo 849 das Opfer eines Schiffbruchs; aber die *bibulae arenae*, von denen sein Reichenauer Epitaphium spricht (MGH Poetae t. 2, p. 423), meinen eher den «glitschigen/trügerischen Sand» der Loire. Auf p. 177 würde man gern erfahren, woher die Verfasser wissen, daß Hrotsvit mit 23 Jahren in das Kanonissenstift Gandersheim eintrat.

[15] AH t. 13, 1892, p. 8–11. Von der Handschrift Darmstadt 521 aus dem Zisterzienserkloster Camp, die das Gedicht überliefert, sagt L. Eizenhöfer, daß sie «eine eingehende Monographie wert» wäre, *Die Handschriften der Hess. Landes- und Hochschulbibliothek Darmstadt* t. 3, Wiesbaden 1972, p. 49.

gut 200 Seiten tun sich immer wieder neue Perspektiven auf. Schade, daß das Buch außerhalb Italiens kaum bekannt wurde. Wer Mittellatein mit Romanistik kombiniert, sollte es lesen.

Die bisher erfolgreichste Einführung ins Mittellatein ist diejenige von Karl **Strecker**, die in drei deutschen Auflagen erschienen ist, dazu in einer französischen und einer englischen Übersetzung, welch letztere wiederum zwei Auflagen erlebt hat. Das Buch, das in der zuletzt erschienenen Form (englisch ²1963) 174 Seiten umfaßt, mündet immer wieder in eine Bibliographie mit Bemerkungen ('Bibliographie raisonnée'), die weitgehend überholt ist. Aber Strecker, der beste und erfahrenste Herausgeber mittellateinischer Texte im XX. Jahrhundert hat seine Editionspraxis in das Buch einfließen lassen[16], sodaß derjenige, der einen mittellateinischen Text ediert, das Buch durcharbeiten sollte. Auch ein Übersetzer aus dem Mittellateinischen wird es mit Gewinn lesen und häufige Fehler vermeiden[17].

Die älteste aller genannten Einführungen ist diejenige von Ludwig **Traube**. Sie ist nicht als Buch geschrieben, sondern als Vorlesung gehalten worden – als eine Vorlesung, die nicht fertig wurde. Sie bricht im vierten Teil, der Literaturgeschichte, noch vor der Karolingerzeit ab. So könnte man meinen, daß der Mittellateiner sich die Lektüre dieser 176 Seiten sparen kann. Das Gegenteil ist der Fall. Denn es handelt sich hier um eine Vorlesungsnachschrift exzellenter Qualität; aus dem Konzept von Traube und vier Hörer-Mitschriften ist ein gelungen formuliertes Buch entstanden, nicht zuletzt deshalb, weil der Heidelberger Philologe Franz Boll als Herausgeber hinter dem Unternehmen stand. Als einzige aller Einführungen postuliert sie die Paläographie als Fundament des Faches und baut konsequent darauf auf:

I. Die lateinische Schrift im Mittelalter
II. Die lateinische Sprache des Mittelalters

---

[16] Gelegentlich auch Überraschendes, wie die Bemerkung «it can be said that the medieval manuals of orthography teach the rules of antiquity without following them themselves», (²1963) p. 60. Man kann das verifizieren, wenn man die *Orthographia* Alkuins vergleicht mit den (nicht wenigen) Handschriften, die aus Alkuins Umkreis kommen, cf. W.B., Biographie und Epochenstil t. 3, p. 133.

[17] Z. B. beim Übersetzen von *vel*, das schon im frühen Mittelalter gleichbedeutend sein kann mit *et*.

III. Die römische Literatur im Mittelalter
IV. Die lateinische Literatur des Mittelalters

Das Buch ist im Titel zu Recht *Einleitung* genannt; denn es beschreibt die Grundlagen und Methoden des Fachs und nur weniges von dem damals Skizzierten ist zwischenzeitlich wirklich überholt. Mehrere wissenschaftliche Unternehmungen, die zu nützlichen Ergebnissen geführt haben, beruhen auf Ideen, die Traube in seiner Einleitungsvorlesung erstmals vorgetragen hat, z. B. die Sammlung und Beschreibung aller lateinischen Handschriften bis zur Zeit Karls d. Gr. (*Codices Latini Antiquiores*)[18]. Manche Traubesche Idee wurde später erst verwirklicht (Geschichte der Halbunziale),[19] anderes erweist sich als kaum machbar (lateinische Literaturgeschichte des Mittelalters primär als Überlieferungsgeschichte) oder doch als machbar trotz Traubes gegenteiliger Prophezeiung (siehe unten cap. VII).

---

18 W.B., «Traube († 1907), Loew/Lowe († 1969), Bischoff († 1991) und die Codices Latini Antiquiores», *Mittellateinische Studien* t. 2, Heidelberg 2009, p. 381–386. Auch die Konzeption der *Mittelalterlichen Bibliothekskataloge Deutschlands und der Schweiz* geht auf Traube zurück, cf. MBK t. 1, p. V und X.

19 T.L., *Halbunziale*, Stuttgart 2018.

II

Kleine Geschichte des Mittellateins als Universitätsfach

Da diese Einführung im wesentlichen in Heidelberg ausgearbeitet wurde, sei ein Lokalbezug am Anfang dieses Kapitels erlaubt. Man kennt vielleicht das Palais Boisserée am Karlsplatz. Es spielt in Heidelbergs 'romantischem Augenblick' eine wichtige Rolle bei der Erweckung des Interesses am Mittelalter, der unabdingbaren Voraussetzung für die später einsetzende Mittelalter-Forschung. Die Brüder Boisserée stellten in diesem Palais zeitweise ihre gewaltige Bildersammlung von altdeutschen Meistern aus, die sie von Köln aus in der Umbruchsituation von Franzosenkriegen, Säkularisation und Mediatisierung mit leichter Hand zusammengebracht hatten. Am 24. X. 1814 schreibt Sulpiz Boisserée: «Um recht zu begreifen, welchen gewaltigen Eindruck unsere Bilder auf den alten, rüstigen Freund gemacht haben, mußt Du wissen, daß er nie einen Johann von Eyck und überhaupt außer Kranach und wenige Dürer, keine altdeutschen Bilder gesehen hat.» Der «rüstige Freund» ist der 65jährige Goethe, der sich 14 Tage Zeit genommen hat, die Sammlung in Heidelberg zu studieren. Ganz chancenlos war es nicht, den 'Götzen von Weimar' für diese Sachen zu begeistern, hatte er doch als Student in Straßburg für gotische Baukunst geschwärmt, zur Vorbereitung auf sein Ministeramt die *Patriotischen Phantasien* von Justus Möser aus Osnabrück († 1794) gelesen, dem Verteidiger der politischen Ordnung des Heiligen Römischen Reichs deutscher Nation.

Zwischendurch allerdings hatte er eine wenig glückliche Kulturpolitik betrieben, als er mit Zeitschriften und Preisausschreiben von Weimar aus den Klassizismus propagierte; Caspar David Friedrich (1774–1840) und Philipp Otto Runge (1777–1810) bekamen damals ihre eingesandten Bilder mit wenig ermunternden Kommentaren zurück («Labyrinth dunkler Beziehungen» zu Runges Vier Tages-, Jahres-, Lebenszeiten), und die fadesten klassizistischen Schinken, an die sich heute außer an den Goethe-Gedenkstätten niemand mehr erinnert, bekamen Minister Goethes Preise. Es war aber für den geschäftlichen Erfolg der Boisserée wichtig, daß der Wortführer der deutschen Meinung ihre Sammlung in Heidelberg besuchte. Der Bekehrungsversuch glückte nicht. «Da hat man nun», erklärte Goethe leicht gequält, «auf seine alten Tage sich mühsam von der Jugend ... abgesperrt, und hat sich, um sich gleichmäßig zu erhalten, vor allen Eindrücken neuer und störender Art zu hüten gesucht, und nun tritt da mit einem Male vor mich hin eine ganz neue und bisher mir unbekannte Welt von Farben und Gestalten, die mich aus dem alten Gleise meiner Anschauungen und Empfindungen herauszwingt.»

Das war ein Jahr nach der Völkerschlacht bei Leipzig; Goethe versuchte, sich auf den Stimmungsumschwung unter den Deutschen einzustellen. Am 17./18. VI. 1815 war Waterloo; der von Napoleon steckbrieflich gesuchte Reichsfreiherr vom und zum Stein (1757–1831), der Organisator des russischen und deutschen Widerstandes gegen Napoleon, brauchte den «gekrönten Menschenwürger» (Gerhard Ritter) nicht mehr fürchten. «Im Julius, als wir in der Siegeswonne über Waterloo und Belle-Alliance schwelgten», schreibt Ernst Moritz Arndt, «erschienen einen guten Morgen Herr vom Stein und Herr von Goethe. Die beiden würdigsten alten Herren gingen mit der aufmerksamsten und vorsichtigsten Zärtlichkeit nebeneinander her. O wie war er [Goethe] viel glücklicher, heiterer und liebenswürdiger als den Frühling vor zwei Jahren in Dresden!» Der Ort der Begegnung war Köln. Der edle Heide aus Weimar besichtigte um des Dreikönigschreins willen sogar eine Reliquienkammer; der Napoleonverehrer Goethe war zu Gast bei dessen erbittertsten Feinden. Wahrscheinlich hat er seine Napoleonstatuette zuhause etwas aus dem Blickfeld geräumt; getrennt hat er sich von dem Nippfigürchen nie. Beiträge zu den neuen patriotischen Zeitschriften schrieb er nicht.

Mit einer Ausnahme: Dem Freiherrn vom Stein und seinem Projekt *Monumenta Germaniae Historica* zuliebe publiziert er in der diese Sammlung begleitenden Zeitschrift *Archiv* (2, 1820 p. 301–305) einen Beitrag «Chronik des Otto von Freysingen», in dem er die in Jena liegende illuminierte Handschrift der Weltchronik Ottos von Freising vorstellte. Wenn die penibel genaue Beschreibung des Codex wirklich

Abb. 3 Ein von J. W. Goethe beschriebenes Bild des XII. Jhs. aus der Weltchronik Ottos v. Freising: Jena, Thüring. Universitäts- und Landesbibliothek Bose q. 6, fol. 39^{r}. Ausschnitt, Größe des ganzen Blatts 25 × 16,5 cm.

von Goethe wäre, dann müßte sein Name in die Geschichte der Kodikologie aufgenommen werden. Doch dürfte der Text dem für Jena zuständigen Minister Goethe von einem Amanuensis geliefert worden sein. Bei der Bildbeschreibung allerdings begegnet man unverkennbar Goethe selbst: «Obgleich die Perspektive und die daraus entspringenden Verhältnisse und Proportionen völlig vernachläßigt sind, so wird man dagegen bemerken, daß der Künstler nicht *ohne* Kenntniß des menschlichen Körpers gewesen … ein gewisser naiver Ausdruck gelingt ihm vollkommen.» Man sieht, daß Goethe bei seinem Besuch in Heidelberg nichts gelernt hat; ihn interessieren nach wie vor nur die Figur und die Perspektive. Daß auf dem Bild (Abb. 3) auch Tiere dargestellt sind (neben Ochs und Esel auch ein Schaf und ein Eber mit Hauern und hohem Kamm) und eine architektonisch gebaute Krippe auf einer romanischen Doppelarkade, ist ihm nicht wichtig. Nicht wegen dieser Kritik ist diese Episode hier berichtet, sondern weil es signifikant ist, daß der Beitrag zur romantisch-historischen Bewegung, den sich Goethe abringt, die Präsentation einer *Handschrift* ist. Der Augenmensch Goethe hat seinem Mittelalterbeitrag für das patriotische Unternehmen des Herrn vom Stein mit sicherem Griff das Authentischste, Unmittelbarste herausgezogen, das uns aus dem Mittelalter überkommen ist, den Codex, die Handschrift. Bei allen Mängeln der Beschreibung ist doch schon der Weg zur ästhetischen Würdigung eingeschlagen.

Das ist nicht einzigartig, in damaligen Zeiten aber doch relativ neuartig. Noch bis ans Ende des XIX. Jahrhunderts war für die meisten Philologen und Historiker der Codex ein Träger von Varianten, nicht mehr; die Würdigung der mittelalterlichen Buchmalerei hat mit Gustav Friedrich Waagen (1794–1868) und Franz Kugler (1808–1858) erst im Lauf des XIX. Jahrhunderts begonnen[1].

Daß man auf der Basis der Handschriftenüberlieferung sozusagen eine eigene Philologie errichten könne, das ist am Ende des XIX. Jahrhunderts ins Bewußtsein getreten. Inzwischen wurden von der rasch wachsenden Geschichtswissenschaft mit großem Eifer lateinische Texte des Mittelalters gedruckt. Wilhelm Wattenbach, Georg Waitz und Ernst Dümmler publizierten 'massenhaft' mittellateinische Werke von geschichtlichem Interesse. Mehrere bedeutende Franzosen brachten unter mehr literarischen Gesichtspunkten Editionen aus dem Lateinischen Mittelalter heraus: Edélestand DuMéril, Barthélemy Hauréau, Léopold Delisle. Auch England hat in dieser Zeit in Thomas Wright einen bedeutenden Editor, der Interessantes noch und noch aus Handschriften zutage förderte. Ein inhaltlich und methodisch besonders deutlich auf das spätere Fach Mittellatein hinführendes Buch brachten Jacob Grimm und Andreas Schmeller heraus: *Lateinische Gedichte des X. und XI. Jahrhunderts*, Göttingen 1838. Der Leipziger Romanist Adolf Ebert schrieb eine *Allgemeine Geschichte der Literatur des Mittelalters*, die vom III. bis zum XI. Jahrhundert reicht (Band 1, Leipzig ²1889; 2, 1880; 3, 1887). All das rief danach, daß sich die Klassische Philologie auch dieser Texte annehme – wie übrigens damals auch das Griechische aus der späten, byzantinischen Epoche in den Gesichtskreis der zünftigen Philologen rückte.

Der Gedanke einer Lateinischen Philologie des Mittelalters lag (wie der einer Griechischen Philologie des Mittelalters) in der zweiten Hälfte des XIX. Jahrhunderts in der Luft. Der erste, der ihn ergriffen hat, war Wilhelm Meyer aus Speyer (1845–1917; Abb. 4). Als Handschriftenbibliothekar in München (1872–1886) – der weltweit größten Sammlung lateinischer Handschriften des Mittelalters – hat er sein Interesse für Schrift, Sprache und Literatur des Mittelalters an den Quellen selbst gefunden. Im Jahr 1873 veröffentlichte er seine beiden ersten

---

[1] F. WAAGEN, *Über Hubert und Johann van Eyck*, Breslau 1822; F. KUGLER, *Handbuch der Kunstgeschichte*, Stuttgart 1841–1842.

Wilhelm Meyer a. Speyer

Abb. 4 Wilhelm Meyer aus Speyer, Porträtfoto.

mittellateinischen Aufsätze «Radewins Gedicht über Theophilus» und «Philologische Bemerkungen zum Waltharius» (beide in SB München 1873). Damit betrat er Neuland: Die *Versus de vita Theophili* des Rahewin von Freising, die Meyer erstmals vollständig publizierte, gehören zu den Dichtungen des XII. Jahrhunderts, die mit verschiedenen Arten der gereimten Hexametern arbeiten. Meyer erkannte und benannte die Typen. Mit dieser Studie hat der 28jährige ein großes Thema, ja sein eigentliches Lebensthema gefunden: die von der antiken *verschiedene* Form der Dichtung im Mittelalter.

Im selben Jahr 1873 ging Meyer mit einem bayerischen Reisestipendium auf Handschriftenreise nach Italien; er ist, daran ist kein Zweifel, schon der typische Mittellateiner. Von «einer ganz neuen Disciplin der Metrik der mittellateinischen Gedichte» war die Rede, als man ihn 1886 auf einen Lehrstuhl für Klassische Philologie in Göttingen berief, wo er allerdings zunächst keine Gelegenheit hatte, Mittelalter-Philologie zu unterrichten. 1889 ließ sich Meyer, der am Unterricht nicht viel Freude hatte, von der Universität beurlauben, um einen Katalog sämtlicher Handschriften im damaligen Preußen zu verfassen. Als sich nach fünf Jahren zeigte, in welcher Breite Meyer diesen Katalog anlegte, und Tausende von Goldmark allein an Reisekosten verbraucht worden waren, brach das Preußische Ministerium das Projekt ab. Meyer bekam ein Jahr Zeit «zur Beruhigung seiner Nerven». Ab 1895/1896 war er wieder Professor in Göttingen. Das Ministerium erklärte sich damit einverstanden, daß Meyer seine «Lehrthätigkeit bei Wiederaufnahme der letzteren auch auf die lateinische Sprache und Literatur des Mittelalters zu erstrecken» habe.

Von 1895 bis zu seinem Tod 1917 hat Meyer dann keine einzige Lehrveranstaltung in Klassischer Philologie mehr gegeben, sondern nur solche in Mittellatein. Paläographie, Rhythmik und Metrik, Literaturgeschichte mit *Waltharius*, *Ruodlieb*, *Ludus de Antichristo*, *Carmina Burana*, *Archipoeta* – Standardthemen der Mittellateiner. Zu allem hat Meyer publiziert, oft Grundlegendes, bis heute nicht Überholtes, und zwar nicht nur auf dem Gebiet der Metrik und Rhythmik. Ihm sind entscheidende Handschriftenfunde gelungen, wie die der *Fragmenta Burana*, durch die die alte Ordnung der Benediktbeurer Handschrift der Carmina Burana[2] erst klar geworden ist. Er hat das paläographische Gesetz der «Bogenverbindung» als Zeichen der gotischen Schrift entdeckt und formuliert[3] und vieles andere. Seine Wissenschaft hat ihn fasziniert und ihre Grundlage, die Handschrift, hat ihn nie losgelassen. Aber eins konnte und wollte er nicht: unterrichten. Paul Lehmann hat das in zwei Semestern in Göttingen (1905–1906) erfahren und festgehalten. Wilhelm Meyer «enttäuschte mich … durch die Erklärung, daß er die angekündigten paläographischen Übungen nicht halten wolle und hoffe, daß keiner dazu erscheinen würde. Als ich am nächsten Tage mit einem halben Dutzend anderer, älterer Studenten trotzdem erschien, war er fast erbost und ließ sich zum Abhalten der Übungen nicht bewegen. Ich bedauerte das um so mehr, als ich ja seine und Traubes Methode miteinander vergleichen und Traubes Auffassung der schriftgeschichtlichen Forschung durch Wilhelm Meyers Darlegung ergänzt sehen wollte. Die einzige, zweistündige Vorlesung, die Meyer damals zustandekommen ließ, galt der Interpretation einiger frühmittelalterlicher Gedichte, eine gediegene, gelehrte Interpretation, die er aber – wie auswendig gelernt – vortrug; das Mitreißende und Fesselnde des Traubeschen Vortrages fehlte Wilhelm Meyer.»[4]

---

[2] Clm 4660, facs. B. Bischoff, München 1967.

[3] W. Meyer, *Die Buchstabenverbindungen der sogenannten gothischen Schrift*, (Abh. Göttingen NF I 6) Berlin 1897.

[4] P. Lehmann, *Forscher-Erinnerungen*, St. Ottilien o.J. [1965], p. 13sq.

Dieses kleine Stück Fachgeschichte mußte hier detailliert dargestellt werden, um klarzumachen, wieso zwar der erste typische Mittellateiner bereits 1873 da ist und dieser ab 1886 an prominenter Stelle in Göttingen unterrichtet, aber die Etablierung des Mittellateinischen im Universitätsbereich doch erst von 1889 gerechnet werden kann, nicht mit Meyer, sondern Traube zusammenhängt, und nicht nach Göttingen, sondern nach München lokalisiert wird: ein wissenschaftsgeschichtlicher Überholvorgang.

Ludwig Traube (1861–1907; Abb. 5), Sohn eines Berliner Klinikers, wurde bis zum vollendeten zehnten Lebensjahr zu Hause auf Kosten der Eltern unterrichtet; freilich war der Vater «aufrichtig betrübt, daß der Knabe nur geringe geistige Anlagen zu verraten schien»[5]. Im Gymnasium warf er sich ganz aufs Philologische. Seine wissenschaftliche Veröffentlichung Nr. 1 publizierte er als 17jähriger; es war eine Rezension der Ausgabe der *Gesta Apollonii* (Versfassung eines spätantiken Romans) durch Ernst Dümmler (Berlin 1877). Der Primaner hat es geschafft, die kleine gewiefte Arbeit im angesehenen *Literarischen Zentralblatt* zu plazieren (1878, col. 883).

In der Schule nützte ihm das nichts. Er blieb sitzen und sollte die Unterprima (das 12. Schuljahr) repetieren. Mit Hilfe eines Ortswechsels nach Neuwied klappte es dann doch mit dem Abitur. Dem Schulleiter widmete der dankbare Schüler Publikation Nr. 2:

Emendatiunculas Taciteas scripsit Ludovicus Traube
Suo sumpto suisque typis impressit Neovedeae a. Rh. 1879

Der junge Traube studierte relativ kurz und von einem Semester in Greifswald abgesehen immer in München. Im künstlerischen Milieu dieser Stadt fühlte er sich wohl. Das frühe, große Kunsterlebnis waren die Passionsspiele zu Oberammergau. Sie haben ihn so beeindruckt, daß er über sie schreiben mußte. Als wohlhabender Student schuf er sich sein Publikationsorgan selbst und gründete die Zeitschrift *Schauspiel und Bühne*. Die Zeitschrift ist nach zwei Nummern wieder eingegangen. Das war 1880; Traube junior war noch keine zwanzig Jahr alt. 1883 wurde er promoviert: im Stil der Zeit mit einem kleinen Heftchen von textkritischen Bemerkungen *Varia libamenta critica* (Abb. 6). Man

---

[5] H. Bresslau, NA 33, 1908, p. 539.

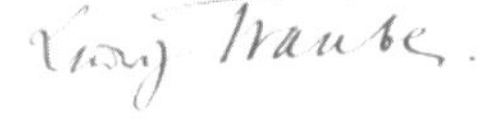

Abb. 5 Ludwig Traube, Porträtfoto.

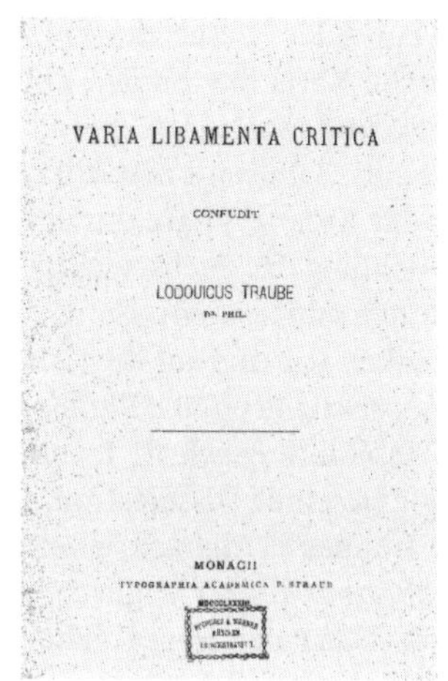

VARIA LIBAMENTA CRITICA

CONFUDIT

LODOUICUS TRAUBE

DR. PHIL.

MONACII

TYPOGRAPHIA ACADEMICA F. STRAUB

Abb. 6 Titelblatt der Dissertation Traubes, 1883.

sieht darin beim besten Willen nicht den künftigen großen Vertreter des Fachs Mittellatein.

Und doch war er das schon fünf Jahre später. Vielleicht war der Anlaß äußerer Art. Der in gigantischem Umfang publizierende Historiker Dümmler übernahm es zu seinen vielen Arbeiten für die vom Freiherrn vom Stein begründeten MGH (Scriptores t. 1, 1826) den ersten Band einer neuen Reihe *Poetae latini medii aevi* zusammenzustellen. Dieser Band kam 1881 heraus. Er enthält Dichtungen der Epoche Karls des Großen. Derselbe Dümmler bereitete dann den zweiten Band der Poetae vor, der im wesentlichen die Zeit Ludwigs des Frommen zum Gegenstand hat. Dümmler beschloß, den 1877 separat publizierten Versroman *Gesta Apollonii* (792 v. Fragment; Codex unicus Gent 169, saec. XI) hier nochmals zu drucken; die Massenpublizierer der zweiten Hälfte des XIX. Jahrhunderts haben das gern so gemacht. *Gesta Apollonii*, das war das Werk, das Traube als Gymnasiast rezensiert hatte. Dümmler setzte sich mit dem scharfsinnigen jungen Mann in Verbindung, konsultierte ihn bei der Herausgabe anderer karolingischer Dichtungen, spürte vielleicht, daß er sich selbst mit der Edition von Dichtungen überschätzt und übernommen hatte und delegierte den dritten Band der Poetae, der die spätkarolingische Dichtung etwa aus der Epoche Karls des Kahlen enthält, an Traube. Dieser brachte zwischen 1886 und 1896 in drei Faszikeln den gewünschten Band heraus. Die schmale Habilitationsschrift *Karolingische Dichtungen* (1888) stammt aus der Anfangsphase dieser Arbeit; eine Reihe von Ideen, die für die Entwicklung des Fachs wichtig wurden, sind mit dem Fortgang dieser Editionen entstanden.

Beschränken wir uns auf die Grundidee des neuen Fachs, wie sie Meyer schon praktiziert hatte: *Philologie auf der Basis von Handschriften*. In der Habilitationsschrift Traubes ist davon noch ebenso wenig zu spüren wie in seiner Dissertation. Der erste Teil der *Karolingischen Dichtungen* Traubes ist überschrieben: «Aedelwulf» und behandelt das Werk *De abbatibus* dieses englischen Dichters vom Anfang des IX. Jahrhunderts. Dazu der Herausgeber Campbell[6]: «Traube inspected no manuscript, had no collations made, was unaware of Arnold's Edition [1882] and founded his work entirely on Dümmler ... Many of his proposed emendations are ... vitiated by the imperfect picture which Dümmler gives of the state of the manuscripts ... Traube was ill advised to emend so freely ...» Zum ganzen Werk schrieb Rudolf Peiper: «ich bin zumal bei den zahllosen besserungsversuchen ... nicht in der lage stets vollen beifall zu zollen, es ist manches gesuchte, erkünstelte und gewalttätige in ihnen zu bemerken»[7].

Diese Urteile charakterisieren den an der Schwelle von Klassischer Philologie zum Fach Mittellatein stehenden 27jährigen Traube. Sie sind wenige Jahre später überholt. Der Stoff der karolingischen Dichtungen hat die Wende sozusagen erzwungen; freilich war Traube intelligent genug zu bemerken, daß man mit der souveränen Geringschätzung des überlieferten Materials, mit Konjizieren und Emendieren *ad amussim optimorum scriptorum* vielleicht der antiken Literatur gerecht werden kann, wo Jahrhunderte und manchmal ein volles Jahrtausend zwischen Autor und Überlieferung liegen. Dieser Umgang mit den Handschriften geht aber nicht an bei der Edition der karolingischen Literatur, wo wir gelegentlich schon Autographen der Autoren besitzen. Traube wird – zweifellos auch von Meyer beeinflußt – ein Handschriftenforscher, Paläograph.

---

[6] A. Campbell (ed.), *Aethelwulf: De abbatibus*, Oxford 1967, p. XIVsq.

[7] *Anz. für deutsches Altertum* 18, 1892, p. 213–219.

Seine ersten Lehrveranstaltungen im Sommersemester 1889 sind eine Vorlesung «Römische Litteratur im Mittelalter» (das hätte auch ein am 'Nachleben' interessierter Spezialist für klassisch-lateinische Literatur halten können) und eine «Paläographisch-kritische Übung» (das klingt noch konventionell: so, als wollte Traube die Paläographie, wie bei damaligen Philologen gewohnt, als Hilfsmittel zur Textkritik lehren)[8]. Aus Traubes späterer Arbeit darf man schließen, daß in dieser oft wiederholten Übung Neues entwickelt wurde.

Traube faßte Paläographie nicht nur als Hilfe beim Konjizieren oder als Historische Hilfswissenschaft (wie Wilhelm Wattenbach) auf, sondern als Basis der mittellateinischen Philologie. Die Handschrift verkörpert die Gegenwart lateinischer Schrift, Sprache und Literatur des Mittelalters; sie ist an Authentizität schlechthin nicht überbietbar und als Quelle längst noch nicht erschöpft, wenn man sie abgeschrieben hat. Es gibt ein Handwerk des Lesens, Benennens, Datierens, Lokalisierens von Handschriften, aber kein sicheres System, wie man ein für allemal den Ertrag einer Handschrift in die Scheuern der Wissenschaft einfährt. Man «muß geschickt fragen»[9], um das herauszuholen, was als potentielle Antwort in der Handschriftenüberlieferung steckt.

Es muß genügen, die Traube-Biographie bis zur Wendung zu den Handschriften verfolgt zu haben. Diese Wende ist kein Bekehrungserlebnis mit anschließender Dogmatisierung des als wahr Erkannten. Es ist faszinierend und manchmal auch vexierend zu beobachten, wie Traube seine Arbeitsmethoden ändert – zum Beispiel von Faszikel zu Faszikel des Bandes 3 der Poetae. Man vergleiche, wie Traube griechische Einsprengsel in lateinischer Dichtung der spätkarolingischen Zeit wiedergibt. Erster Ausschnitt, aus MGH Poetae t. 3, fasc. 1 1886, p. 257: Widmungsgedicht für Karl den Kahlen (840–877) aus der sog. zweiten Bibel Karls des Kahlen (Paris, BN lat. 2):

Apparet plane, pro te nec plura tulisse,
Quanta tuus Karolus mitis, pius atque benignus,
ΝΗΦΑΛΑΕΟC ΦΡΟΝΙΜΟC CΠΟΥΔΑΙΟC ΚΑΙ ΔΕ ΔΙΚΑΙΟC:

Traube hat das große Sigma nicht in der uns vertrauten eckigen (epigraphischen) Form Σ wiedergegeben, sondern handschriften-

[8] Traube, *Rückblick auf meine Lehrthätigkeit*, ed. G. Silagi, München 1988, p. 15.

[9] Traube, *Einleitung*, p. 18.

getreu in der unzialen Form C. Die in der Handschrift über der Zeile stehende lateinische Übersetzung hat er einfach in den Variantenapparat gesetzt: sobrius sapiens fortis atque iustus.

Zweiter Ausschnitt, aus MGH Poetae t. 3, fasc. 2, 1892 p. 436: Heiric von Auxerre, *Vita S. Germani*:

> **ALLOCVTIO AD LIBRVM**
> ***ΔΥΚΟΛΩ ΔΙΣΤΡΟΦΩ*** **DECVRSA**

Rückschritt und Fortschritt. *Gegen* das Handschriftenbild sind Omega und Sigma in der epigraphischen (antiken und modernen) Form Ω und Σ wiedergegeben, statt in der mittelalterlichen unzialen Form. Die Glosse

id est bimembri carmine
di duo, colon membrum

ist in einem für solche Fälle neuen, eigenen Glossenapparat untergebracht. Dritter Ausschnitt, aus MGH Poetae t. 3, fasc. 3, 1896, p. 531 (aus griechischen Wörtern zusammengesetztes Huldigungsgedicht an Karl den Kahlen von Iohannes Scottus Eriugena):

> ΟΡΘωΔΟΞΟϹ ΑΝΑΞ ЄΥϹΗΒΗϹ ЄΝΚΑΥΤΟϹ
> ϹΟΒΡΟΝ ΧΡΙϹΤΟΦΟΡΟϹ ΚΙΡΡΙΟϹ ω ΚΑΡΟΛΟϹ.

Omega, Xi, Sigma und Epsilon haben wieder die unziale Form. Die Glossen

recte credens rex pius gloriosus
temperans Christum ferens dominus ipse Karolus

stehen im Glossenapparat. Neuerung: Die unnötige Kursivierung des Griechischen ist aufgegeben. Zusätzliche Handschriftentreue garantiert der Tafelanhang zu diesem Poetae t. 3 abschließenden Faszikel. Auf diese Tafeln hat Traube größte Sorgfalt verwendet. In einem neuartigen «Index palaeographicus cum enarratione tabularum» stecken die Ergebnisse einer vertieften Betrachtung der handschriftlichen Überlieferung. Die Verse des dritten Streifens sind auf tab. 5 des Bandes in Photographie aus dem Codex Laon 444 zu sehen. Traube hat fast eine Seite Erläuterung zu dem Bild geschrieben, wo er ein Stück Geschichte des Griechischen im Mittelalter untergebracht hat.

Abb. 7 Paul v. Winterfeld, Porträtfoto.

Er ist selten beim Erreichten stehengeblieben. Man könnte noch an seinem letzten Werk *Nomina sacra* (1907) zeigen, wie Traube die Lösung des Spezialproblems Graecolatina weiter verfeinert. Das Vorgeführte reicht vielleicht aus, die Dynamik dieses Mannes zu erklären, der früh begonnen hat und früh aufhören mußte († 1907).

Man pflegt mit Wilhelm Meyer von Speyer und Ludwig Traube in einem Atemzug Paul von Winterfeld zu nennen. Er war der jüngste unter den dreien, wohl der wunderlichste, und lebte am kürzesten (1872–1905). Er war stärker als Meyer und Traube ein Mann der Literatur und Literaturgeschichte. Seine erste Studie galt Hrotsvit von Gandersheim. Nach der Promotion in Berlin (über die *Aratea*) bekam er den Auftrag, den vierten Poetae-Band der MGH zusammenzustellen. In ihm ist lateinische Dichtung der spätkarolingischen Epoche von ca. 870–920 nebst Supplementa zu finden. Im selben Jahr, in dem der erste Faszikel erschien, konnte sich Winterfeld für klassische und mittelalterliche Philologie habilitieren. 1901 brachte er sein bestes und dauerhaftestes Werk heraus: *Hrotsvithae opera*. Er arbeitete wie ein Tier. Einen Besuch bei ihm schildert sein späterer Freund und Biograph Hermann Reich[10]:

«Er wohnte in Schöneberg nicht weit vom Winterfeldplatz in der Grunewaldstraße. Ich kam zu einer vernachlässigten, übelen Miets-

10 H. Reich (ed.), *Deutsche Dichter des lateinischen Mittelalters*. In deutschen Versen von Paul von Winterfeld, München ^{2}1917, p. 4–6.

kaserne [...] Wie ich die ausgetretenen Stiegen hinaufging, fielen mir plötzlich allerlei wunderliche Geschichten von Paul von Winterfeld ein, auf die ich nicht sonderlich hingehört hatte. Er stecke all sein Geld in seine große und kostbare Bibliothek, hause in ihr ärmlicher als ein Eremit und lebe zwar nicht von Heuschrecken und wildem Honig, aber doch von Schnaps und kalten Kartoffeln. Alle vierzehn Tage richte er sich einen Bottich mit Kartoffelsalat an. Seine große Schnapsflasche lasse er in der nächsten Destille füllen. Kurz er erschien als eine Art von schmutzigem Säulenheiligen. Ich hatte darüber als über eine von den vielen böswilligen Universitätsfabeln gelacht.

Auf mein dreimaliges, kurz hintereinander wiederholtes Klingeln wurde die Tür plötzlich aufgerissen. Vor mir stand ein etwas ungeschlachter Riese mit großem, struppigem Backenbart und langwallendem Haupthaar (Abb. 7), in Hemdärmeln. Er war verwundert, einen Fremden zu sehen, und etwas unwirsch [...] Als er meinen Namen gehört, entfernte er sich mit einem Ruck. Bald erschien er wieder, mit einem langen, schwarzen Rock würdig bekleidet. Er lud mich mit freundlichen Augen und gravitätischen Bewegungen ein, ihm zu folgen.

Wir kamen in ein grosses, ödes Gemach. Es waren keine Gardinen am Fenster, der Hausrat bestand aus einigen alten Tischen und wackligen Stühlen. Die Wände waren überall bis zur verräucherten Decke mit großen Regalen voll von Büchern bedeckt. Durch die offen stehende Tür sah man noch in zwei kleinere Zimmer; in einem stand ein eisernes Feldbett, ungemacht, wie es der Riese morgens verlassen hatte. Sonst überall Bücher, nichts als Bücher; zum Teil alte, kostbare Schweinslederbände und teure, festgebundene, riesige Folianten, und dann wieder neben den plumpen Ungeheuern der Wissenschaft zierliche, geschmackvolle Bände in Gold und Grün, wie sie den Putztisch der Weltdame zieren, moderne Liebeslyrik. Seltsam stachen diese Kostbarkeiten von der Räuberhöhle ab, in der sie standen.

Ein Strom von Büchern war durch die ganze Wohnung ausgegossen; selbst auf der Erde lagen sie einzeln und in ganzen Türmen, auf die Stühle waren sie geklettert, auf die Tische, auf denen sonst noch Haufen von Manuskripten, Korrekturbogen und Briefen lagen [...] Während der Herr dieser Schätze unter freundlichen Entschuldigungen sich bemühte, mir einen Stuhl leer zu kramen, wobei einige

Büchertürme ins Wanken gerieten und mit Einsturz drohten, sah ich mich um nach dem sagenhaften Bottich mit Kartoffelsalat. Aber der war nicht zu finden. Doch stand da ein großer, roh gezimmerter Tisch mit kreuzweis gestellten Beinen. Darauf befand sich eine Viktualienhandlung, etwas Butter, Eier, Wurst, Salz, Brot, Kakes und Zwieback. Der Zyklop hatte seine Höhle gleich auf einmal für längere Zeit verproviantiert. Es stand aber alles in der Stube und nicht in der Küche, weil er in der Hast seiner Arbeiten sich nicht mit Hin- und Hertragen versäumen wollte.

Da stand denn auch eine dickbauchige Flasche mit einer dunklen Flüssigkeit wie Rum. Er war also leider doch ein Säufer, dieser Polyphem. Später war diese Flasche für uns ein häufiger Grund zu allerlei Spaß und Gelächter. In Wirklichkeit war der Inhalt irgendein Fruchtsaft, der ins Trinkwasser getan wurde. Denn Paul von Winterfeld war fast völlig abstinent [...] Wahrlich, die Höhle Zarathustras war ein Himmelreich gegen diese strenge, mönchische Einsiedelei.»

Paul von Winterfeld bekam 1904 die neue Professur für Lateinische Philologie des Mittelalters zugesprochen. Ulrich von Wilamowitz-Moellendorff hielt damals in Berlin die schützende Hand über das Pflänzchen Mittellatein, wie er es schon 1886 in Göttingen bei der Berufung Meyers getan hatte. Als Winterfeld ihm im Dezember 1904 seine eben bei Beck in München herausgekommenen Gedichte zusandte (Publikationsjahr laut Titelblatt 1905), schwante Wilamowitz Schlimmes: «es liegt darin eine so trostlose Stimmung, die unmöglich nur aus künstlerischem Anempfinden hervorgeht, sondern tief aus der Erfahrung kommen muß. Das macht mich wahrhaft besorgt.»[11] Winterfeld starb 1905 nach klinischer Diagnose an Tuberkulose – nach Überzeugung derer, die ihn kannten aber an einer kuriosen Liebesgeschichte, an der letzten Endes Hrotsvit von Gandersheim schuld war und die so absurd ist, daß die Nonne von Gandersheim darüber ihr siebtes Drama hätte schreiben können.

Für Winterfeld gab es in der Wissenschaft keine Distanz, sondern nur Nähe, Identifikation. Seitdem er sich mit Hrotsvit, Notker dem Stammler und Ekkehart IV. von St. Gallen beschäftigt hatte, glaubte er fast mit ihnen reden zu können. Über sie kam er zum Thema Frauen-

---

[11] Reich, p. 73.

dichtung im Mittelalter, von da zu Frauendichtung der Neuzeit. Er las Droste-Hülshoff, Lulu von Strauß und Torney, Isolde Kurz, Ricarda Huch und noch eine, bei der er «viel von der dunklen Schwermut und Verzweiflung, von der Qual, die ihn selber quälte,» fand. «In einer Anthologie trat ihm dann das Bild der schlanken, blonden Dichterin entgegen, das ganz seiner Vorstellung von ihrer edlen, leidverklärten Psyche entsprach»[12]. Der von der Liebe berührte Einsiedler sandte der Schönen in Königsberg in Preußen zunächst seine Übersetzung des *Waltharius*. «Sie wurde freundlich aufgenommen.» Dann schickte er einen Aufsatz «Stilfragen und Stilproben aus der Poesie des Mittelalters»; im Begleitschreiben bedankte er sich für die tiefen Anregungen, die er durch das Werk der Dichterin erhalten habe und wagte die Bemerkung, «nur eine Seele, die Großes erlitt», könne so Großes schaffen wie sie. Das bekam die Angebetete aber in den falschen Hals. Sie wies «seine Teilnahme mit Erbitterung zurück; ... sie habe nichts erlebt und nichts erlitten, es sei alles nur Phantasie, das Spiel leerer Stunden, Phantasielyrik»[13]. Nach einiger Zeit kamen als Schlußpunkt unter die Korrespondenz auch Winterfelds Bücher zurück. Das hat der 'Traumliebe' Winterfelds den Todesstoß versetzt und nach Meinung seiner Freunde auch ihm. Der Name der grausamen Dichterin, die in Winterfelds Biographie von Hermann Reich nirgends genannt wird, ist Agnes Miegel (* 1879 Königsberg, † 1964 Bad Salzuflen).

Winterfelds Nachfolger in Berlin war Karl Strecker (1861–1945), der akkurateste und fruchtbarste Editor unter den bisherigen Mittellateinern. Er hat nicht nur das Winterfeldsche Pensum an den MGH Poetae erledigt (t. 4 fasc. 2, 1914 und fasc. 3, 1923), sondern auch zwei weitere Bände derselben Reihe begonnen: t. 5: Ottonenzeit (fasc. 1, 1937, fasc. 2, 1939) und t. 6: Nachträge zur Karolingerzeit fasc. 1 (1943–1951). Strecker mußte es allerdings erleben, daß der Berliner Lehrstuhl nach seiner Emeritierung nicht mehr besetzt wurde.[14] Von Streckers Emeritierung an (1929) bis 1957 war das Fach nur noch mit einem Lehrstuhl an den

---

12 Reich, p. 46sq.

13 Reich, p. 52.

14 Von einem «komplizierten Intrigenspiel ... vor allem der klassischen Philologen, die als Seminar eine Art Interessenverband bildeten und mit dem Einzelkämpfer Strecker mühelos fertig wurden», spricht F.-R. Hausmann, *Das Fach Mittellateinische Philologie an deutschen Universitäten von 1930 bis 1950*, Stuttgart 2010, p. 64sq.

deutschen Universitäten vertreten, nämlich in München, wo Paul Lehmann (1884–1964) den Mittellateinunterricht weiter betrieb und nach langer Wartezeit Traubes Nachfolger wurde[15]. Am 2. V. 1957 wurde das Heidelberger Seminar gegründet, dann – im deutschen Sprachgebiet – in rascher Folge Köln (1958), Berlin (FU 1963), Münster (1963), Erlangen (1964), Marburg (1964), Zürich (1964), Bonn (1965), Freiburg i. Br. (1966), Kiel (1970), Göttingen (1981), Wien (1981) und zuletzt Eichstätt (1987–1993); dazu Fachvertretungen (auch im Rahmen anderer Disziplinen) in Tübingen (ab 1973), Jena (ab 1977), Leipzig (1981), Halle (ab 1982) und Wuppertal (ab 1983). Eine wichtige Rolle als Wegbereiter des Fachs in der öffentlichen Meinung haben die Arbeiten der Romanisten Leo Spitzer, Ernst Robert Curtius und Erich Auerbach gespielt. Curtius' *Europäische Literatur und lateinisches Mittelalter* (1948), dessen Inkubationszeit in die Heidelberger Jahre von Curtius fällt (1924–1929), hat durch seine Originalität und Qualität Tausende davon überzeugt, daß die modernen Literaturen nicht mit 'Luftwurzeln' über das Mittelalter hinweg direkt in der Antike ihren Boden haben, sondern viel mittelalterlicher präformiert sind, als man allgemein glaubte. «Mittellatein» war nach dem II. Weltkrieg wieder virulent und diesmal nicht nur an den deutschen Universitäten, sondern in vielen Ländern, vor allem solchen, die sich aus guter Einsicht oder kraft schlechter Erfahrung von den nationalen Konzepten lösen wollten. Allen voran Italien: 1939 hat die Università Cattolica del Sacro Cuore in Mailand einen Lehrstuhl für Storia della letteratura latina medievale mit Ezio Franceschini (1906–1983) besetzt, 1953 die Universität Rom einen mit Gustavo Vinay (1912–1993); das Fach hat sich in Italien rascher und breiter entfaltet als sonst irgendwo. Als Heidelberg 1988 den I. Internationalen Mittellateinerkongreß veranstaltete, kamen die Teilnehmer aus 18 Staaten. Nicht

---

[15] Ein eigenartiges Kurzporträt Lehmanns findet man in V. KLEMPERERS Tagebuch *Curriculum vitae* t. 2, Berlin 1989, p. 209sq.: «Montag, 21. September [1914]. Ein Vorfall, der eigentlich aufregend hätte sein müssen. Lehmann, der ganz junge, sehr leidend aussehende Privatdozent für Spätlatein (Vossler schätzt ihn sehr) brach heute auf dem Arbeitssaal dicht neben mir zusammen. Wohl ein epileptischer Krampf: verzerrtes Gesicht, Schreien, einen Augenblick am Boden um sich geschlagen, dann Reglosigkeit. Sein Nachbar beugte sich über ihn und sagte gleichgültig: ‹Tot?› Auch ich beobachtete ohne Schrecken oder Mitleid. Lehmann kam dann sehr rasch wieder zu sich ...»

in allen gibt es Seminare und Professuren für Mittellatein, aber doch Leute, die sich für das Fach interessieren und mit lateinischer Schrift, Sprache und Literatur von der Kirchenväterzeit bis zum Spätbarock beschäftigen.

LITERATUR ZUR FACHGESCHICHTE

Eine immer noch frische und lesenswerte Biographie Traubes schrieb der Klassische Philologe Franz Boll; sie steht an der Spitze der *Vorlesungen und Abhandlungen* von Traube, herausgegeben von Boll t. 1–3, München 1909–1920. Der stimmungsvolle Gedenkband an Winterfeld, den Hermann Reich herausgab, ist oben zitiert. Die darin zu lesende Winterfeld-Biographie ist im Detail anders als Bolls Traube-Biographie, in den Grundzügen aber ein ähnliches 'wissenschaftliches Heiligenleben'. Die Bibliographie Winterfelds findet man zusammen mit der von Meyer bei K. Langosch, *Wilhelm Meyer aus Speyer und Paul von Winterfeld.* Begründer der mittellateinischen Wissenschaft, Berlin 1936. Als einziger der drei Gründerväter des Universitätsfachs Mittellatein hat Meyer seine Aufsätze selbst herausgegeben: *Gesammelte Abhandlungen zur mittellateinischen Rythmik* t. 1–2, Berlin 1905. Postum erschien t. 3, besorgt von Walther Bulst, 1936. Zum Andenken an Ezio Franceschini ist ein dicker Band *Ezio Franceschini (1906–1983)* im Jahr 1986 beim «Istituto di Scienze Religiose in Trento» und den Edizioni Dehoniane Bologna erschienen, fast eine Materialsammlung für einen Heiligsprechungsprozeß. Zur Entwicklung des Fachs nach 1900 W.B. / P. C. Jacobsen, «Mittellateinische Philologie in Deutschland im XX. Jahrhundert I–II», in *La filologia medievale e umanistica greca e latina nel secolo XX*, ed. E. Follieri, Rom 1993. Über *Ernst Robert Curtius*, Werk, Wirkung, Zukunftsperspektiven, gab es 1986 ein Heidelberger Symposion, dessen Beiträge und Diskussionen 1989 erschienen sind (Winter Heidelberg). Aus demselben Jahr 1989 stammt die Traube-Gedenkschrift «Lateinische Kultur im VIII. Jahrhundert», Eos-Verlag St. Ottilien. Aus wissenschaftspolitischer Perspektive hat F.-R. Hausmann *Das Fach Mittellateinische Philologie an deutschen Universitäten von 1930 bis 1950* mit Hilfe von Korrespondenzen und Archivalien dargestellt (Stuttgart 2010). Wünschenswert wäre als Ergänzung eine Würdigung der an der Basis trotz der bedrängten Situation geleisteten Arbeit, z. B. an Dissertationen.

Ergänzendes: H. Bresslau, «Nachruf auf Ludwig Traube», NA 33, 1908, p. 539–547. – N. Hammerstein (ed.), *Deutsche Bildung?* Briefwechsel zweier Schulmänner: Otto Schumann – Martin Havenstein 1930–1944, Frankfurt a. M. 1988, p. 26 (nr. 4), p. 46 (nr. 14), p. 104 (nr. 39), p. 186 (nr. 68: «Wilamowitz, Norden, Wilhelm Schulze, Becker»). – W. Maaz, «Paul von Winterfeld. Ein Beitrag zur Wissenschaftsgeschichte», Mlt. Jb. 12, 1977, p. 143–163. – U. Pretzel, «Beiträge zur Geschichte der mittellateinischen Philologie», Mlt. Jb. 5, 1968, p. 242–269. Id., «Beiträge zur Geschichte der mittellateinischen Philologie. Neue Folge», in *Literatur und Sprache im Europäischen Mittelalter*, (Festschrift Karl Langosch) 1973, p. 481–508. – F. Rädle, «Wilhelm Meyer, Professor der Klassischen Philologie 1886–1917», in *Die Klassische Altertumswissenschaft an der Georg-August-Universität Göttingen*, ed. C. J. Classen, Göttingen 1989, p. 128–148. – S. Weber, «Die Verleihung der Ehrendoktorwürde der Universität Erlangen an Wilhelm Meyer aus Speyer am 23. Februar 1882», Mlt. Jb. 53, 2018, p. 273–298. – G. Vinay hat unter dem Titel *Pretesti della memoria per un maestro* in der Form einer Erinnerungsschrift an seinen Lehrer, den Mittelalterhistoriker Giorgio Falco, so etwas wie seine wissenschaftliche Autobiographie publiziert, Mailand/Neapel 1967.

III

Lateinische Paläographie des Mittelalters I. Vom XVII. bis zum XIX. Jahrhundert

Lateinische Philologie des Mittelalters (Mittellatein) ist eine Philologie, die auf Handschriften basiert. Deshalb nimmt in ihr die Paläographie eine zentrale Stelle ein. Paläographie ist die Lehre vom alten (gr. palaios) Schreiben (gr. graphein), von der alten Schrift. Das Wort erscheint erstmals auf dem Titelblatt eines wissenschaftlichen Buchs bei Bernard de Montfaucon, *Palaeographia graeca*, Paris 1708. Die Sache ist älter als der Name; denn das erste bekannte große Werk lateinischer Paläographie ist Jean Mabillon, *De re diplomatica libri VI* (Paris 1681, ^{2}1709, Neapel ^{3}1789). *Res diplomatica* ist hier zu verstehen als «Urkundenlehre». Die Erforschung der Urkundenschrift ging also der der Buchschrift voraus, was verständlich ist; denn eine Urkunde des Mittelalters war im XVII. Jahrhundert u.U. noch ein Rechtstitel. Die mittelalterliche Urkunde hatte zunächst einen praktischeren, unmittelbareren Nutzen als die mittelalterliche Handschrift.

Das Buch Mabillons ist in einer Kontroverse entstanden, einem der in der Barockzeit so beliebten *bella diplomatica*. Das sind nicht die Kriege, die Diplomaten anzetteln oder zu verhindern suchen, sondern unblutige Kriege um *diplomata* «Urkunden». Mabillon reagierte mit seinem Werk auf ein nur wenig älteres Werk, den zweiten April-Band der *Acta Sanctorum*, Antwerpen 1675. In diesem Band steckt ein 31 Seiten starkes, mit fünf doppelseitigen Kupferstichtafeln illustriertes *Propylaeum antiquarium circa veri ac falsi discrimen in vetustis membranis* «Antiquarische Vorhalle [mit Argumenten] betreffend die Unterscheidung von echt und gefälscht bei alten Pergamenten» von Daniel Papebroch (1628–1714). Das Portfolio dieser Tafeln ist so etwas wie der früheste Vorläufer des Paläographie-Tafelwerks von Franz Steffens. Auf $3^1/_2$ Tafeln sind Urkundenausschnitte mit Transkription wiedergege-

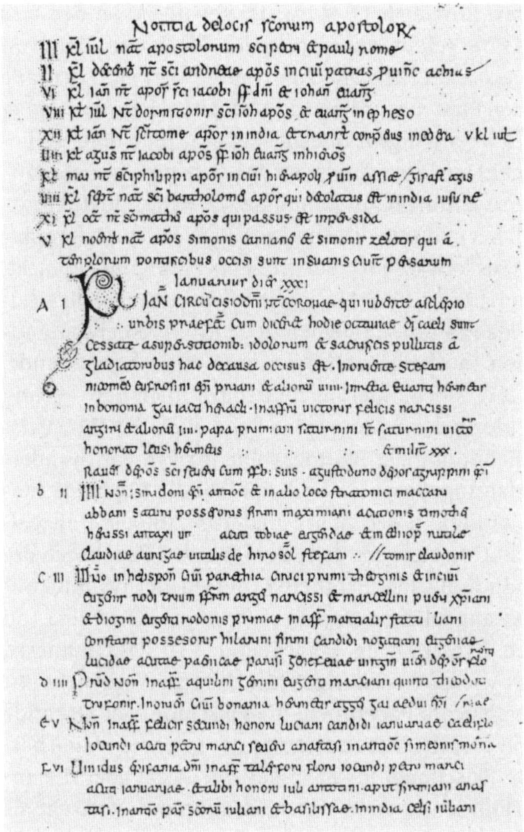

Abb. 8 Das erste abendländische Faksimile: Acta SS April. t. 2, 1675, nach p. XII. Kupferstich von 1627 nach dem Echternacher «Martyrologium Hieronymianum», jetzt Paris, BN lat. 10837, fol. 2r. Originalgröße 24,5 × 19 cm.

ben; die restlichen 1½ Tafeln enthalten eine sehr gute Nachbildung des «Martyrologium Hieronymianum» von Echternach, einer insularen Handschrift des frühen VIII. Jahrhunderts (Abb. 8). Die Handschrift wurde noch zu Lebzeiten Willibrords, des Gründers von Echternach, geschrieben von Laurentius, vermutlich einem Inselsachsen. Seit der Napoleonzeit befindet sich die Handschrift, die inhaltlich und kulturgeschichtlich zu den wichtigsten des frühen Mittelalters zählt, in Paris (BN lat. 10837).

Als Papebroch die drei Kupferplatten für sein paläographisches Dossier verwendete, lagen sie schon ein halbes Jahrhundert in Antwerpen. Denn Heribert Rosweyde († 1629), der geistige Vater der *Acta Sanctorum*, hatte als eine seiner letzten genialen Ideen den Plan, von der damals schon beachteten Echternacher Handschrift ein Facsimile herzustellen. Die ersten Platten wurden 1627 gestochen. Die Arbeit ging langsam voran und ist über einige Probezüge im Jahr 1660 nicht gediehen[1]. Auch wenn es nicht fertig wurde: es war das erste für wissenschaftliche Zwecke gedachte, mehrere Blätter umfassende Handschriftentext-Facsimile. Papebroch hat es durch die Einbindung in sein paläographisches Album wenigstens teilweise vor ein größeres Publikum gebracht.

Wir verweilen bei diesem Punkt, weil die Schrift ein visuelles Zeichensystem ist und Paläographie dementsprechend ein visuelles Handwerk. Sie braucht den mechanischen Transport optischer Befunde. Deshalb ist der im XV. Jahrhundert erfundene Kupferstich wichtig für die frühe Entwicklung der Paläographie (und auch der Kunstwissenschaft), und die Erfindung der Photographie im XIX. Jahrhundert für die moderne Entfaltung. Es waren freilich nicht die Kupferstichtafeln der flämischen Jesuiten in den *Acta Sanctorum*, die die französischen Benediktiner alarmierten, sondern der Text, den Papebroch dazuschrieb. Seine Abhandlung über Echtheitskriterien im Urkundenwesen geht aus von einer angeblichen Dagobert-Urkunde für Irmina von Oeren, einer adeligen Trierer Dame des früheren VIII. Jahrhunderts, die noch heute die Forschung beschäftigt[2]. Mit Hilfe des Vergleichs mit anderen Urkunden versuchte Papebroch, die Fälschung der Urkunde zu erweisen. Das Hauptvergleichsbeispiel, das der gelehrte Flame heranzog, war auch eine Fälschung, insofern hatte er Pech; aber die angebliche Dagoberturkunde aus Ören war noch plumper gefälscht als Papebrochs Vergleichsstück, so daß der Beweis doch irgendwie glückte.

Nun ließ sich Papebroch, der nicht nur scharf dachte, sondern auch gern scharf formulierte, zu der Behauptung hinreißen, *in Francorum toto regno* gebe es *nullam omnino chartam sinceram ac genuinam … ante Regnum primi Dagoberti, paucissimas item sub illo atque post illum usque ad secundae stirpis Reges*[3]. Was für ein Teufel ritt den Jesuiten, daß

[1] P. Cockshaw, «A propos du plus ancien fac-similé», *Miscellanea Codicologia F. Masai dicata* t. 2, Gent 1979, p. 535–540.

[2] M. Werner, *Adelsfamilien im Umkreis der frühen Karolinger*. Die Verwandtschaft Irminas von Oeren und Adelas von Pfalzel, Sigmaringen 1982.

[3] Acta SS April. t. 2, 1675, p. XXIX.

er, um das Maß vollzumachen, sich auf das Wort von John Marsham (*Monasticon anglicanum or the History of the Ancient Abbeys* 1655), einem anglikanischen «Heterodoxen», berief, je älter Urkunden zu sein vorgäben, desto verdächtiger seien sie?

Es erhob sich ein Sturm der Entrüstung gegen Papebrochs *Propylaeum antiquarium*. Die Widerlegung des ersten urkundlichen Teils übernahm Mabillon mit *De re diplomatica*. Gab es nicht in Frankreich in großer Zahl riesige Diplome aus grauer Vorzeit? Vieles darunter war gefälscht, aber nicht alles[4]. Insgesamt hatte Papebroch Recht mit seiner Behauptung, echte Dagobert-Urkunden seien selten und auch echte fränkische Königsurkunden zwischen Dagobert I. (629–639) und dem Herrschaftsantritt der Karolinger (751) rar. Aber daß es *vor* Dagobert I. keine einzige echte Merowingerurkunde gebe, stimmt doch wieder nicht[5]. Mabillon stand das Archiv von St. Denis zur Verfügung, in dem echte merowingische Königsurkunden lagen, außerdem Papstprivilegien, Karolingerdiplome und frühe Privaturkunden aus klösterlichen und bischöflichen Archiven in dem damals schon zentralisierten Frankreich. Dies wurde genutzt, um aus seiner Gelegenheitsarbeit ein Standardwerk zu machen. Mabillons *De re diplomatica* gründet nicht auf fünf, sondern 58 Tafeln. Die dem Buch beigegebenen Kupferstiche sind das für die Entwicklung der Paläographie der Buchschriften Wichtige an Mabillons Diplomatik, und sie sind z. T. heute noch wertvoll. Da ist z. B. (auf p. 637) als Kupferstich der Ausschnitt eines Blatts des «Vergilius Augusteus»[6] überliefert (Abb. 9), das inzwischen verlorenging [Vergil, *Aen.* IV,302–305: Didos rasende Liebe verglichen mit der einer Mänade]:

> ...
> *Thyias, ubi audito stimulant trieterica Baccho*
> *Orgia nocturnusque vocat clamore Cithero<n>.*
> *Tandem his Aenean conpellat vocib<us> ultro:*
> *Dissimulare etiam sperasti, perfide, tantum ...*

«[so rast] die Mänade / wenn, nach dreier Jahre Verlauf, die Orgien

---

[4] P. Lauer / F. Samaran, *Les diplômes originaux des Mérovingiens*, Paris 1908, zählen 38 Originalurkunden zwischen 625 und 717/728.

[5] Cf. ChLA XIII,550: Praeceptum des Merowingers Chlothars II. (584–629).

[6] Cf. CLA I,13.

THYIASVBIAVDITOSTIMVLANTTRIETERICABACCHO
ORGIANOCTVRNVSQ·VOCATCLAMORECITHERO
TANDEMHISAENEANCONPELLATVOCIBVLTRO
DISSIMVLAREETIAMSPERASTIPERFIDETANTVM

Abb. 9 Ein inzwischen verlorenes Blatt aus dem «Vergilius Augusteus» ist teilweise reproduziert bei J. Mabillon, *De re diplomatica*, Paris [2]1709, p. 637.

wieder / stacheln mit Bacchusruf und nachts laut ruft der Kithaeron. / Endlich stellt sie von selbst den Aeneas, spricht zu ihm also: / Auch noch verbergen zu können erhofftest du, Treuloser, solchen / Frevel ...» – Mabillon, der Franzose und Benediktiner, hat sich quantitativ und qualitativ hier also gegen Papebroch, den Flamen und Jesuiten, durchgesetzt; das Colbert, dem Wirtschaftsminister des Louis XIV., gewidmete Werk ist für die Paläographie wichtiger geworden als der dem deutschen Reichsfürsten Ferdinand von Fürstenberg, Bischof von Paderborn und Münster, gewidmete *Acta Sanctorum*-Band. Papebroch hat das anerkannt, und Mabillon hat seinerseits versucht, Papebroch beizustehen, als die Inquisition begann, sich mit den *Acta Sanctorum* und ihrem größten und scharfsinnigsten Editor Papebroch zu beschäftigen. Wenn das erste große Werk zählt, ist Mabillon der Gründer wissenschaftlicher Paläographie. Zählen Idee und Beginn methodischer Arbeit, dann war es Papebroch.

Mabillon war keine geniale paläographische Begabung, wenn diese darin besteht, Formen zu unterscheiden, Ähnliches zusammenzusehen und Verschiedenes zu trennen. Er bildete auf ein und derselben Tafel sechs Schriften ab, die wir heute Capitalis rustica, Unziale und Halbunziale nennen (tab. 6). Die Schrift, die für uns die Capitalis rustica ist, bezeichnet er mit Uncialis. Die Bezeichnung hat er aus der Polemik des Hieronymus (*Prologus in libro Iob*) entnommen[7]:

Habeant, qui volunt, veteres libros vel in membranis purpureis auro

[7] Die im lateinischen Mittelalter immer wieder zitierten Bibel-Prologe des Hieronymus sind am leichtesten in der 'Stuttgarter Vulgata', ed. R. Weber etc., zu finden, die seit 1969 in immer neuen Auflagen erscheint.

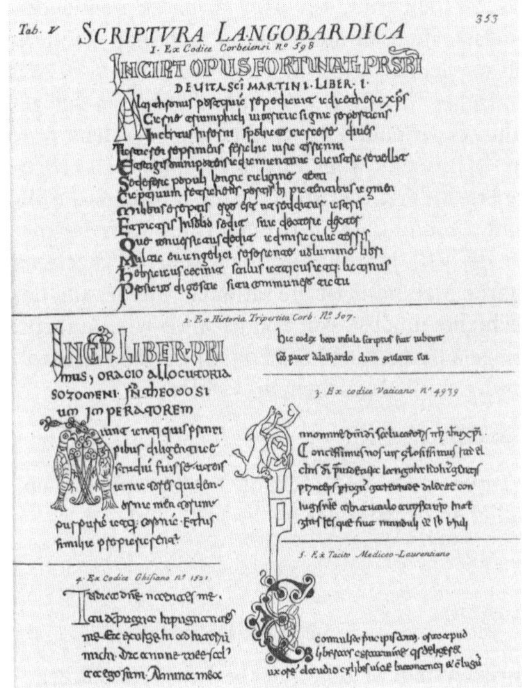

Abb. 10 Mabillons berüchtigte «Scriptura langobardica»: *De re diplomatica* tab. 5, p. 353.

argentoque descriptos vel uncialibus, ut vulgo aiunt, litteris, onera magis exarata quam codices «Möge, wer will, die alten Bücher haben, die entweder auf Purpurpergament mit Gold- und Silber(tinte) geschrieben sind, oder die Handschriften in Unzialbuchstaben, wie man sagt, die man eher Schreiblasten nennen müßte».

Die beiden Schriften, die wir Corbie-Minuskel (icb) und Beneventana nennen, sind auf einer anderen Tafel (tab. 5) zusammengestellt und werden, was schlimmer ist, als eine einzige Schrift bezeichnet: «scriptura Langobardica» (Abb. 10). Der Name «Langobardica» scheint jetzt endlich auszusterben; die parallelen Bezeichnungen «Gothica», «Saxonica», «Merovingica» leben fort in den Bezeichnungen «westgotische», «angelsächsische» und «merowingische» Schrift. Hinter diesen Bezeichnungen Mabillons steht die Vorstellung, die germanischen Völker der Wanderungszeit hätten ihre eigene Schrift mit der der Römer vermischt. Man weiß seit dem gleich zu nennenden Maffei, daß es 'Nationalschriften' in diesem Sinn nicht gab, sondern nur regionale und teils tatsächlich auch nationale *Ausprägungen* und *Entwicklungen* der römischen Schrift. Die Begriffe aber haben sich gehalten, obwohl das dahinterstehende Konzept Mabillons verfehlt war.

Kommen wir zum Positiven an Mabillons Paläographie. Das wichtigste paläographische Ergebnis ist, daß Mabillon die karolingische Minuskel erkannt, benannt *(Carolina)* und ihre Entwicklung aus den merowingischen Schriften des VIII. Jahrhunderts dem Material abgelesen hat. Die eigentliche Stärke Mabillons ist die rationale Gliederung des Stoffes. Die Schriftgeschichte umfaßt, von Sonderfällen wie Inschrift, Münzaufschrift und Siegelaufschrift (für die Epigraphik, Numismatik und Sphragistik zuständig sind) abgesehen, die Gebiete

Urkundenschrift und Buchschrift.

Die eine erforscht die Diplomatik, die andere die Paläographie im engeren Sinn. Die wesentlichen Register der Buchschrift sind:

Majuskel
Minuskel
Kursive.

Dieses elementare Begriffssystem Mabillons ist bis heute tragfähig geblieben.

Den nächsten großen Schritt in der lateinischen Paläographie tat der Italiener Scipione Maffei, ein Autodidakt, der für manche Wissenschaften denkwürdig geblieben ist. Er entdeckte 1712[8] den Kernbestand der Veroneser Dombibliothek und – was wichtiger ist – zog aus diesem einmaligen Material das seitdem gültige Fazit: Es gibt keine 'Nationalschriften' im Mabillonschen Sinn, sondern nur eine römische Schrift, die sich differenziert und weiterentwickelt. In einer Vorrede zu einer Cassiodorausgabe hat er die Entdeckungsgeschichte erzählt[9]:

Sermonem habueram cum amicis non semel de Itinerariis Italicis sive de libellis iis, quae in unaquaque civitate rariora et observatione magis

---

[8] Zum Datum P. Marchi, *Un italiano in Europa.* Scipione Maffei tra passione antiquaria e impegno civile, Verona 1992, p. 46.

[9] Migne, PL 70, col. 1309–1311.

digna habeantur, recensentibus, quibus instrui et summa fide adhibita uti solent, quicunque fere ab externis provinciis ad Italiam peragrandam se conferunt. Ostendebam, quantum in eo scriptionis genere non imi tantummodo subsellii homines seque ut plurimum exscribentes invicem, sed ipsi quandoque peccassent summi et litterati viri, vel diversam admodum a vero rerum speciem exhibentes vel putantes posse quemquam diebus paucis in urbe aliqua subsistentem quorumcunque, quae notatione digna in ea sunt, notitiam assequi. De Verona praesertim nostra cum verba facerent, cum allucinatos esse declarabam non uno loco, tum multa ab iis praetermissa memorabam, quae imprimis describenda erant et celebranda ...

Arrepta hinc occasione iuvenes aliqui summo ingenio, qui multa mecum erant familiaritate coniuncti, instare acrius coeperunt, ut quod Veronam spectaret, libellum adornare ne pigeret, quo singula memoratu digna cum in hospitum tum etiam in civium commodum recensere niterer atque explicare. Iis obsequi cupiens opusculum aggredi minime distuli. Dum id molior, cum quidquid etiam manuscriptorum codicum veterumque documentorum praestantius ac rarius apud nos servaretur, indicare mihi constitutum esset, Capitularium librorum mentio subiit, quae apud plures scriptores mihi aliquando occurrerat, et quamvis una in civitate vox omnium esset a maioribus etiam tradita nihil omnino ex antiquissima ea bibliotheca reliquum esse, accessi tamen ad canonica Ecclesiae primariae claustra, ut locum, quo olim fuerat, lustrarem, et, an veteres saltem plutei superessent, inspicerem. Frustra perquirens accepi a prudentibus viris pluribus de loco nihil constare, pluteorum neque hac aetate neque patrum memoria visum quidquam vel auditum esse. Necdum tamen a proposito destiti ... Quamobrem cum inter praestantiores ipsos canonicos patriae historiae notitia et antiquitatis amore Carolus Carinellius excelleret, illum adiens, in quem etiam tabularii cura tunc ex officio incumbebat, enixe obtestatus sum, ut arcas, scrinia, forulos scrutaretur omnes exploraretque, an eorum codicum reliquiae haberentur ullae, quorum vel pulvis ipse mihi in pretio esset ...

[Carinelli] hanc indaginem instituit postque paucos dies advenit hilari vultu, quiddam repertum iri asserens sperare se in latibulo, quod excuti ab ambobus simul cupiebat. Properavi confestim ad capitulares aedes ipsumque in subobscurum cubiculum secutus sum, in quo praealtum mihi armarium ostendit cancellarii scriptis refertum. Supra cuius

fastigium nescio quid veterum chartarum et lignea quaedam librorum integumenta, in περιφημάτων speciem illuc olim coniecta apparere videbantur. Scala statim arcessita et applicata morae impatiens ascendo. Eiusque repositorii summitatem nulla tabula terminatam deprehendo, sed detectam et cavam, ita ut velut ampla ibi capsa efficeretur. Acervo quisquiliarum et fragminum, qui superstabat, reiecto cavum omne codicibus plenum video mirantibus, puto, insuetam et, quam ab immemorabili temporis spatio non aspexerant, diurnam lucem.

Quosnam vero codices, deus immortalis! Primus, quem arripui nigrumque et saecularem, quo obruebatur, pulverem nihil morans extraxi, maiori Romana littera et quidem magnifice atque ad amussim effigiata fulgebat; secundus celeri ea scriptura constabat, quam litteraria omnis res publica modo Gothicam, modo Saxonicam, modo Longobardicam appellat et putat usque in hanc diem, Francogallicam item quandoque, viro maximo P. Mabillonio novitatem nominis concipiente; ego vero mere Romanam invictis, ni fallor, et ineluctabilibus argumentis ostendam aliquando atque evincam. Rursus pergo et non nisi maiusculis notis aut millenaria quae videretur, etiamsi alterius formae, scriptione exarati libri prodibant. Unus in mentem venit, quem ad sequiorem aetatem statim reiicerent, quicunque a scriptura ipsummet codicis saeculum designari putant: illum tamen Thodorus ecclesiae Veronensis lector, Agapeto v.c. consule, hoc est anno Christi DXVII, exaravit.

«Mit Freunden hatte ich nicht nur einmal über italienische Reisebeschreibungen gesprochen bzw. über die Büchlein, die für jede Stadt die selteneren, beachtenswerteren Dinge aufführen, an denen diejenigen, die etwa von auswärtigen Provinzen zu einer Italienischen Reise aufbrechen, sich gewöhnlich unterrichten und die sie voller Vertrauen zu gebrauchen pflegen. Ich zeigte, in welchem Umfang bei dieser Literaturgattung nicht nur die kleinen Geister sündigten, indem sie einander weitgehend abschrieben, sondern bisweilen auch die größten und gelehrtesten Männer, indem sie entweder ein von der Wirklichkeit sehr abweichendes Bild zeichnen oder glauben, man könne bei einem Aufenthalt von nur wenigen Tagen in einer Stadt eine Kenntnis aller ihrer Sehenswürdigkeiten erlangen. Insbesondere wenn sie von unserer Stadt *Verona* sprächen, so erklärte ich, dann redeten sie einmal ins Blaue hinein und übergingen, sagte ich, zum anderen viele Dinge, die an erster Stelle zu beschreiben und zu rühmen wären.

Einige junge Männer von tiefem Geist, die mir sehr vertraut und verbunden waren, ergriffen nun die Gelegenheit und begannen stark zu drängen, ich solle – was Verona angehe – es mich doch nicht verdrießen lassen, ein kleines Buch zu schreiben, in dem ich zum Vorteil der Gäste, aber auch der Bürger die einzelnen Sehenswürdigkeiten aufführen und erklären möge. Ich wollte ihrem Wunsch entsprechen und nahm das kleine Werk unverzüglich in Angriff. Als ich bei der Arbeit war und beschlossen hatte anzugeben, was an Vorzüglicherem und Seltenerem in puncto Handschriften und alten Urkunden bei uns aufbewahrt würde, da stellte sich die Erinnerung daran ein, daß ich Bücher des Domkapitels bei mehreren Schriftstellern erwähnt gefunden hatte. Und obgleich die ganze Stadt einhellig der Meinung war, die auch schon von den Vorfahren überkommen war, daß überhaupt nichts von dieser sehr alten Bibliothek übriggeblieben sei, ging ich dennoch zum Kanonikerkonvent des Doms, um den Ort zu mustern, an dem [die Bibliothek] einst gewesen war und zu sehen, ob wenigstens die früheren Schränke noch da wären. Ich forschte vergebens und erfuhr von mehreren klugen Männern, bezüglich des Ortes wisse man nichts Sicheres und von Schränken habe man weder zu dieser Zeit noch nach Erinnerung der Väter etwas gesehen oder gehört. Ich gab aber noch nicht auf ... Weil nun unter den vorzüglicheren Kanonikern Carlo Carinelli durch Kenntnis der vaterländischen Geschichte und Liebe zum Altertum hervorragte, ging ich zu ihm, der damals auch das Amt des Archivars innehatte, und beschwor ihn angelegentlich, er solle doch alle Truhen, Kästen und Bücherbretter durchsuchen und versuchen herauszubringen, ob es irgendwelche Überreste von diesen Handschriften gäbe, von denen mir sogar der Staub viel wert sei ...

[Carinelli] stellte diese Nachforschung an, kam nach wenigen Tagen mit heiterem Gesicht und versicherte, er hoffe, daß etwas gefunden werden könne in einem Versteck, das wir beide zusammen ausheben sollten. Ich eilte gleich zum Kapitelgebäude und folgte ihm in ein halbdunkles Zimmer, wo er mir einen sehr hohen Schrank zeigte, der mit Kanzleipapieren gefüllt war. Auf dem oberen Schrankboden waren irgendwelche alten Urkunden und hölzerne Buchdeckel zu sehen, die man wie Unrat einst dort zusammengeworfen hatte. Gleich eine Leiter geholt und angelehnt, und ich steige hoch voller Ungeduld! Ich bemerke, daß das Depot oben durch kein Brett abgeschlossen, sondern aufgedeckt und hohl ist, sodaß dort gleichsam ein geräumiges Behältnis entstanden ist. Ich werfe einen Haufen Abfall und Fragmente, die oben liegen, beiseite und sehe die ganze Höhlung voller Handschriften, die sich wunderten, glaube ich, über das ungewohnte Tageslicht, das sie seit unvordenklichen Zeiten nicht gesehen hatten.

O unsterblicher Gott, was für Codices! Der erste, den ich faßte und herauszog, ohne auf den schwarzen Jahrhundertstaub zu achten, mit dem er bedeckt war, strahlte prachtvoll in einer römischen Majuskelschrift und war wie mit dem Lineal gezeichnet; der zweite war in der raschen Schrift geschrieben, die die gebildete Welt einmal 'Gothica', dann 'Saxonica', oder 'Longobardica' nennt und als solche [Nationalschrift] auch auffaßt, bisweilen auch 'Francogallica', nachdem Pater Mabillon diesen neuen Namen erfunden hat, *die ich aber einfacher 'Römische' [Schrift] nenne und, wenn ich mich nicht täusche, mit unwiderlegbaren Argumenten [als Römische Schrift] irgendwann auch zeigen und unumstößlich dartun werde.* Ich fuhr fort, und lauter Bücher in Majuskeln oder in einer wenn auch anders geformten, doch tausend Jahre alten Schrift, wie es schien, kamen zum Vorschein. An einen Codex (= Verona, Bibl. Capitolare XXXVIII [36]) erinnere ich mich, den die, die nach der Schrift das Jahrhundert bestimmen zu können glauben, sogleich in eine jüngere Zeit versetzen würden: doch hat diesen [Ursicinus][10] geschrieben, Lektor der Kirche von Verona, unter dem Konsul Agapitus, das heißt im Jahr 517.»

Damit war Mabillon, dessen *De re diplomatica* soeben in zweiter Auflage erschienen war (1709), der Fehdehandschuh hingeworfen, und das *bellum diplomaticum*, aus dem die wissenschaftliche Paläographie entstand, bekam eine neue, italienische Front. Mabillon († 1707) konnte sich nicht mehr wehren; das besorgten dann seine Landsleute und Ordensbrüder für ihn. Allerdings hätte Mabillon der Entwicklungsidee Maffeis auch nichts Ernsthaftes entgegensetzen können, wenn er diesen Angriff auf sein System erlebt und sich in seinem Alter mehr noch für Paläographie interessiert hätte, als er es tatsächlich tat. Die dichte, direkte, geschlossene Folge der Veroneser Handschriften vom VI. bis IX. Jahrhundert bewies, daß die auf den ersten Blick so divergierenden Schriftformen des frühen Mittelalters in der sich zur Minuskel hin

---

[10] Maffei schrieb *Thodorus*; da hat ihn wohl sein Gedächtnis im Stich gelassen.

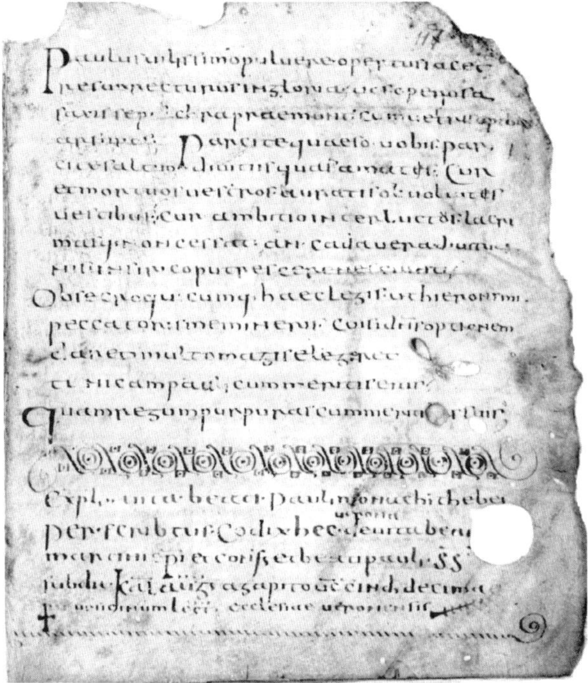

Abb. 11 Die zweitälteste datierte Halbunzial-Hs.: Der «Ursicinus-Codex» der Veroneser Biblioteca Capitolare XXXVIII (36), fol. 117r.

bewegenden allgemeinen Tendenz dieser Jahrhunderte wurzelte.

⋆

Maffei hat mit seinem 'occhio paleografico' gesehen, daß es da eine Schrift gibt, die viele «in eine jüngere Zeit versetzen würden», weil sie – um die moderne Terminologie zu benützen – in den Augen, die sich auf den allgemeinen Eindruck verlassen, ähnlich wie die karolingische Minuskel aussehen kann. Er hat den zentralen Veroneser Codex dieser Schrift herausgegriffen, richtig nach dem Konsul Agapitus auf a. 517 datiert, den Schreiber nicht mehr richtig in Erinnerung behalten, aber – das ist das Wesentliche – sofort gesehen und von da an gewußt, daß das eine «anders geformte Schrift» *scriptio alterius for-*

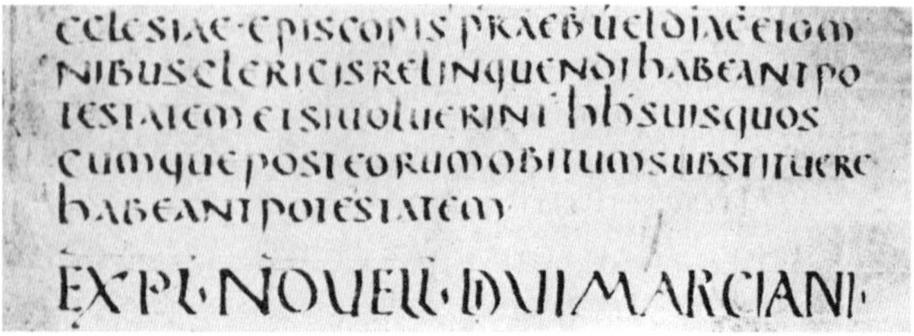

Abb. 12 «Breviarium Alarici», einst Würzburg, jetzt München, Bay. Staatsbibliothek Clm 22501, fol. 234[v]. Unziale saec. VI, Südfrankreich. Ausschnitt, Originalgröße der ganzen Seite 29 × 22,5 cm.

mae war (Abb. 11). Der Name «Halbunziale» für diese Schrift wurde erst 50 Jahre später festgelegt. Die visuelle Entdeckung der Schrift aber geschah 1712 durch Maffei. Auf die angekündigte Widerlegung des Mabillonschen Systems kam Maffei in seiner *Istoria diplomatica che serve d'introduzione all'arte critica in tal materia* (Mantua 1727) kurz zurück. Nach Mabillon gäbe es fünf Schriftarten, «cioè Romano, Gotico, Longobardo, Sassonico, e Francogallico», aber «non ci fu carattere Gotico, non Longobardo, non Sassonico, non Francogallico, e son per dimostrarlo sì chiaramente, che i principj Geometrici non saran più evidenti» (p. 113). Die mehrfach angekündigte ausführliche Widerlegung in einer geplanten *Bibliotheca Veronensis manuscripta* hat Maffei in seinem langen Leben (1675–1755) nie geschrieben. Seine Bemerkungen aber haben genügt, die Paläographie ruckartig voranzubringen. Er hat als erster paläographisch beobachtet, abweichende Befunde konstatiert und nicht mit dem Bekannten einfach irgendwie harmonisiert. Durch den immer wiederholten Widerspruch gegen die etablierte Meinung, z. B. in dem 1732 endlich erschienenen Reiseführer *Verona illustrata* (4 Bände 1732) und einer *Istoria teologica* (1742) hat er die neue Wissenschaft der Paläographie mehr gefördert als andere durch unendlich fleißige Sammelarbeit.

Zur Veroneser Entdeckung Maffeis vom Jahr 1712 gibt es einen lehrreichen Parallelvorgang in Deutschland. Am 28. VIII. 1717 brachten die *Leipziger Neuen Zeitungen von Gelehrten Sachen* (nr. 69 p. 557sq.) folgende Nachricht: «... hat auch unlängst der neuerwehlte Herr Dom-Dechent, Herr Baron von Hutten, ein Herr von ungemeinen Qualitäten und großer Gelehrsamkeit, als er sich bemühet, die Alterthümer des hohen Dom-Stiffts [Würzburg] hervorzusuchen, das Glück gehabt, eine alte vor dem Bauern- und Schweden-Kriege versteckte Bibliotheck unter dem Dache des erwehnten Dom-Stiffts zufinden, darinnen nebst viel 100 gedruckten Büchern, auch über 170 Manuscripta befindlich, welche mehrentheils auf Pergament, zum Theil auch auf Papier geschrieben sind. Es sind unter andern daselbst die 4 Evangelia, so zu Karls des Großen oder Burcards des I Bischoffs zu Würtzburg Zeiten geschrieben worden; und eine Bibel so biß 700 Jahre alt. Auch findet sich in dieser Bibliotheck der *Codex Theodosianus cum aliquibus Novellis, Gaji Institutionibus et Pauli Iurisconsulti Libris Sententiarum*, welcher auf Pergament *in forma quadrata literis semiuncialibus*, vermuthlich zu des Käysers Justiniani Zeiten geschrieben ist. Nechst diesem seyn viel Schrifften der Kirchen-Väter und andere, meistentheils mit Longobardischen Littern von den Karolingischen Zeiten her daselbst anzutreffen. Hochgedechter Herr Dom-Dechent läst ietzo durch den Universitäts-Bibliothecarium Herrn George Conrad Siglern den *Catalogum* über diese Bibliotheck verfertigen, welcher mit der Zeit denen Gelehrten durch öffentlichen Druck soll vor Augen geleget werden»[11].

In dieser Beschreibung des Fundes stecken die Irrtümer und Unschärfen des Mabillonschen Systems. Das juristische Buch, das das besondere Interesse des Berichterstatters fand (ein «Breviarium Alarici», jetzt München, BSB, Clm 22501, CLA IX 1324, Unziale saec.VI Südfrankreich, Abb. 12) wird beschrieben als *forma quadrata literis semiuncialibus*. Da taucht der Begriff *semiuncialis* «Halbunziale» auf. Er wird aber noch nicht im modernen Sinn für die (von Maffei als erstem gesehene und unterschiedene) Schrift gebraucht. Der Begriff steht vielmehr im Bann der Mabillonschen Terminologie, wo *uncialis* jede Art von Majuskelschrift war. *Semiuncialis* war dementsprechend für die Zeit nur eine in einem kleineren Schriftgrad und rascher geschriebene Majuskel.

Verheerend unscharf ist der Begriff der «Longobardischen Littern». Mabillon hatte unter ihm Beneventana und Corbie-Minuskel zusammengefaßt. Jetzt glaubte man, die eigenartige Minuskel vie-

---

[11] Nach Bischoff / J. Hofmann, *Libri Sancti Kyliani*, Würzburg 1952, p. 63sq.

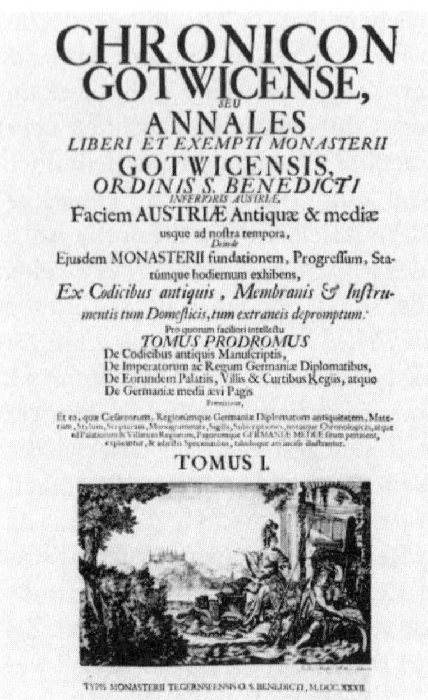

CHRONICON
GOTWICENSE,
SEU
ANNALES
LIBERI ET EXEMPTI MONASTERII
GOTWICENSIS,
ORDINIS S. BENEDICTI
INFERIORIS AUSTRIÆ,
Faciem AUSTRIÆ Antiquæ & mediæ
usque ad nostra tempora,
Deinde
Ejusdem MONASTERII fundationem, Progressum, Statúmque hodiernum exhibens,
Ex Codicibus antiquis, Membranis & Instrumentis tum Domesticis, tum extraneis depromptum:
Pro quorum faciliori intellectu
TOMUS PRODROMUS
De Codicibus antiquis Manuscriptis,
De Imperatorum ac Regum Germaniæ Diplomatibus,
De Eorundem Palatiis, Villis & Curtibus Regiis, atque
De Germaniæ medii ævi Pagis
Præmittitur,
Et ea, quæ Cæsareorum, Regiorúmque Germaniæ Diplomatum antiquitatem, Mate- [illegible]
TOMUS I.

TYPIS MONASTERII TEGERNSEENSIS O. S. BENEDICTI, M.DCC.XXXII

Abb. 13 Gottfried Bessels *Chronicon Gotwicense* t. 1, Tegernsee (Klosterdruckerei) 1732, Titelblatt.

ler Würzburger Handschriften um 800 unter diesen Begriff subsumieren zu können und erkannte nicht das Eigentliche dieser Schrift: nämlich daß es eine *insulare* Schrift war, die hier mitten in Deutschland über mehrere Generationen geschrieben wurde. «Man hätte ... die Existenz der insularen Schrift in Deutschland bloßlegen können»[12]. Es dauerte 170 Jahre, bis das Phänomen endlich erkannt wurde (G. Schepß, Traube). Seitdem kennen wir diese Kulturprovinz als «Insulares Deutschland», ein Parallelogramm, dessen Eckpunkte Utrecht/Deventer im Nordwesten, Echternach im Südwesten, Eichstätt im Südosten und Erfurt im Nordosten und dessen 'Augenpunkte' Fulda und Würzburg sind.

Die Würzburger Wiederentdeckung der im Dreißigjährigen Krieg versteckten Bibliothek erregte fast größeres Aufsehen als die fünf Jahre zuvor geschehene Veroneser Entdeckung. Gottfried Bessel (1672–1749)

[12] Traube, *Einleitung*, p. 12.

aus Buchen im Odenwald huldigte seinem Heimatbistum Würzburg und dem heiligen Kilian, indem er in seinem *Chronicon Gotwicense* als erste Abbildung einen Kupferstich der Schrift des «Kilianevangeliars» aufnahm (Würzburg, UB, M.p.th.q.1a; CLA IX,1429, Unziale saec. VI–VII). Er beschrieb sie (Prodromus, p. 16) als *semiuncialis* im oben genannten Sinn: Majuskelbuchstaben von geringerer Größe. Terminologisch also kein Fortschritt, aber ein Schritt voran in der Denkmälerkenntnis. Bessels *Chronicon Gotwicense* ist ein prachtvoller Repräsentant des von der Kunstgeschichte so genannten «Friedensstils»[13] unter Kaiser Karl VI. (1711–1740). Abt Bessel von Göttweig (1714–1749), bürgerlicher Herkunft, «Diplomat in Kurmainz, Abt von Göttweig, Wissenschaftler und Kunstmäzen»[14] brachte den *Prodromus* «Vorläufer» betitelten Einleitungsband des *Chronicon Gotwicense* mit über 900 Folioseiten 1732 heraus; der erste Band der Göttweiger Klostergeschichte im engeren Sinn erschien dann 1781, lange nach Bessels Tod. Das Werk wurde in der Tegernseer Klosterdruckerei hergestellt. Der *Prodromus* enthält als Liber I eine erste systematische, auf deutsches Material gebaute Handschriftenkunde «De codicibus antiquis Manuscriptis» mit vielen neuen Kupferstichabbildungen, die auch für paläographische Studien benutzt werden konnten. Mabillons und Bessels Kupferstiche bildeten dann die hauptsächliche Materialbasis der lateinischen Paläographie bis weit ins XIX. Jahrhundert hinein.

Die Diplomatik ist und bleibt in diesem Zeitraum das beherrschende Wissenschaftsgebiet, dem sich die Geschichte der lateinischen Buchschrift unterordnen muß. Das zeigt sich wieder am Titel des Werkes, das für die Paläographie Zusammenfassung, Höhepunkt und Stillstand für lange Zeit bedeutete: *Nouveau traité de diplomatique … par deux Religieux Bénédictins de la Congrégation de S. Maur*. Die beiden Benediktiner der französischen Nationalkongregation der Benediktiner, die das Werk in sechs Bänden (Paris 1750–1765) herausbrachten, sind Charles François Toustain und René Prosper Tassin. Bezeichnend für den Standardcharakter des Werks und die Dominanz französischer Wissenschaft in dieser Zeit ist, daß der *Nouveau traité* trotz seines Um-

---

[13] W. Braunfels, *Die Kunst im Heiligen Römischen Reich Deutscher Nation* t. 1, München 1979, p. 47.

[14] So der Untertitel der Gedenkschrift *Gottfried Bessel (1672–1749)*, ed. F. R. Reichert, Mainz 1972.

fangs von über 4000 Seiten noch während des Erscheinens der Originalausgabe ins Deutsche übersetzt wurde[15].

Im ersten Band treten die Verfasser als Verteidiger der Größe ihres Mabillon auf. Sie lassen seine Konkurrenten Revue passieren; Maffei wird folgendermaßen referiert: «En 1727 M. Mafféi publia en Italien son Histoire Diplomatique, pour servir d'introduction à l'art critique sur cette matiére. C'est plutôt un suplément à la Diplomatique de D. Mabillon ... qu'une Diplomatique en forme. Celle qu'il méditoit alors de composer, devoit être dans un goût tout nouveau ... Parmi plusieurs diférences entre son projet et le nôtre, il prétendoit parler *plutôt aux yeux qu'à l'esprit*: et nous, nous tâcherons de parler également à l'esprit et aux yeux. Mais vingt-deux années écoulées depuis l'anonce de ce beau projet ... il semble même avoir pour toujours perdu de vue son premier dessein.»[16]

1755 erscheint Band 2 des *Nouveau traité*. Der erste Verfasser ist über den Mühen der Materialsammlung gestorben. In diesem Band tauchen die Kupferstichtafeln auf, die das Werk berühmt und berüchtigt gemacht haben: z. B. nach p. 332: «Alphabet général des lettres latines capitales, onciales, majuscules gothiques des Mss. avec quelques caractères minuscules et cursifs, surtout de ceux qui se glissoient anciennement dans l'écriture onciale». Ein wahrer «travail de bénédictin»[17]. Es folgen fast 700 Formen von A! Dabei auch ɑ, der erste Kennbuchstabe der von Maffei gesehenen eigenen Schrift, die noch keinen Namen hatte. Über 300 Formen von G, dabei natürlich ᵹ, der zweite Kennbuchstabe der Halbunziale, der noch als ein Buchstabe «minuscule» oder «cursif» angesehen wird (p. 192), der sich in die Majuskel gemischt habe. Aber es ist schon beobachtet, daß dieses ᵹ eine besondere Rolle in der «Scriptura saxonica» spielt.

Das Werk schreitet fort. Paläographiegeschichtlich ist der dritte Band der wichtigste (1757). Die Gefechte gegen Maffei werden fortgesetzt; aber es sind Rückzugsgefechte. Tassin übernimmt die Grundposition Maffeis: Es gibt nur die eine römische Schrift, die sich ent-

---

[15] Von C. Adelung / A. Rudolph, *Neues Lehrgebäude der Diplomatik* t. 1–9, Erfurt 1759–69.

[16] R. P. Tassin / C. F. Toustain, *Nouveau traité de diplomatique* t. 1, Paris 1750, p. XXIsq.

[17] «Travail long et pénible qui exige de la patience» nach dem Lexikon Larousse.

wickelt. Er meint freilich, daß die von Mabillon sozusagen kanonisierten «Nationalschriften» doch als Bezeichnungen nützlich wären, und so ist es bis heute geblieben. Weiterhin nimmt er die Entdeckung Maffeis auf, daß es da schon früh (a. 517) eine Veroneser Handschrift im Vierliniensystem gab, also eine Minuskel, sucht dafür einen Namen und legt sich darauf fest, diese Schrift die «Halbunziale» zu nennen (p. 204sqq.). Es bleibt eine gewisse Schwäche im Zusammensehen des Gleichen und Trennen des Verschiedenen. Tassin kennt schon den ältesten datierten Halbunzialcodex überhaupt, den «Hilarius Basilicanus» (a. 509/510)[18] und bildet ihn ab (nach p. 262: «Ve Division. Ecritures minuscules des manuscrits. I. et IIme subdivisions contenant la Romaine et le I.^{r} genre de la Lombardique»). Aber er sieht nicht, daß es dieselbe Schrift ist wie im Veroneser «Ursicinus-Codex». Er verirrt sich wieder im Labyrinth seiner rationalistischen, mechanistischen «divisions» und «subdivisions». Trotz alledem ist das System im Ganzen tragfähig. Aus dem *Traité* stammen die Grundbegriffe der modernen paläographischen Nomenklatur:

> Capitalis, Uncialis, Semiuncialis (Halbunziale), Minuscula, Cursiva.

Vom *Nouveau traité* inspiriert trieb der Göttinger Historiker Johann Christoph Gatterer (1727–1799) das aufklärerische Systematisieren auf die Spitze, als er Carl Linnés Klassifizierung von Pflanzen in Genera und Species auf die lateinische Schrift übertrug. «Er ist der Vater des 'Schrift-Linnäism (Linnaeismus graphicus)'.»[19]

Bis tief ins XIX. Jahrhundert ist die lateinische Paläographie kaum über die Lehre des *Nouveau traité* hinausgekommen. Die *Eléments de Paléographie* z. B., die DeWailly 1838 in Paris für den Gebrauch der Ecole des Chartes publizierte, sind ganz von Toustain/Tassin abhängig. Wir erwähnen das Werk, weil damit die lateinische Paläographie von der Diplomatik getrennt auftritt. Die praktische Lesefähigkeit nimmt kontinuierlich zu[20]; die Theorie und das System aber treten auf der Stelle.

---

[18] Rom, Archivio della Basilica di S. Pietro, Basilicanus D.182; F. STEFFENS, *Lateinische Paläographie*, Berlin/Leipzig ^{2}1929, tab. 20; CLA I,1.

[19] B. BRETHOLZ, *Lateinische Paläographie*, Leipzig/Berlin 1926, p. 3.

[20] U. F. KOPP hat in seiner *Palaeographia critica* II,2, Mannheim 1817, einen

Die zu ihrer Zeit bekanntesten Paläographen des XIX. Jahrhunderts sind Wilhelm Wattenbach und Léopold Delisle. Wattenbach (1819–1897) war schon 43 Jahre alt, als er vom Archiv in Breslau auf einen Heidelberger Historischen Lehrstuhl berufen wurde, und schon elf Jahre danach zog er, wie andere Heidelberger Gelehrte, weiter nach Berlin. Wattenbach hat mit einer schier unendlichen Arbeitskraft ediert und publiziert und durch die Verbindung von Philologie und Geschichte einen Wissenschaftsstil geschaffen, der immer noch frisch oder zumindest akzeptabel erscheint. Während die meisten der im XIX. Jahrhundert als klassisch angesehenen Werke der Wissenschaft vom Mittelalter vergessen sind, werden die beiden Hauptwerke Wattenbachs, *Deutschlands Geschichtsquellen im Mittelalter* und *Das Schriftwesen im Mittelalter* (1871, [2]1875, [3]1896, repr. 1958), nach wie vor als Standardwerke konsultiert und studiert. *Das Schriftwesen im Mittelalter* ist die schönste Frucht der Heidelberger Jahre. Hier schlägt man immer noch nach, wenn man erste Information über Schreibstoff, Tinte, Schreiber, Buchhandel und Bibliothekswesen im Mittelalter sucht. Im einzelnen wissen wir natürlich fast Seite für Seite alles besser und genauer, aber niemand hat mehr das Ganze zusammenzufassen vermocht.

Wattenbach hat in Heidelberg wohl als erster systematisch Paläographie unterrichtet. Da der Satz auch in den damaligen Goldenen Zeiten der Druckkunst unmöglich die Formen der alten Schriften so wiedergeben konnte, daß man sie wiedererkannte, schrieb Wattenbach sein Lehrbuch *Anleitung zur lateinischen Palaeographie* (1869, [2]1872, [4]1886, repr. Hildesheim 1971) mit eigener Hand und ließ es im Umdruckverfahren herstellen. Das Büchlein hatte in seiner praktisch-positivistischen Art großen Erfolg, ist jedoch von der historisch-genetischen Paläographie um 1900 als mechanistisch abgelehnt worden[21].

Schlüssel zur Entzifferung der Tironischen Noten geliefert (der nach dem Schreibsklaven Tiro benannten lateinischen Stenographie). Nachdruck unter dem Titel *Lexicon Tironianum*, ed. Bischoff, Osnabrück 1965.

[21] Eine neue Richtung der Paläographie erkennt jedoch Wattenbach das Verdienst zu, als erster die Dynamik des Schreibvorgangs in den Mittelpunkt der Betrachtung gestellt zu haben, C. Cencetti, *Lineamenti de storia della scrittura latina*, Bologna 1954, p. 10.

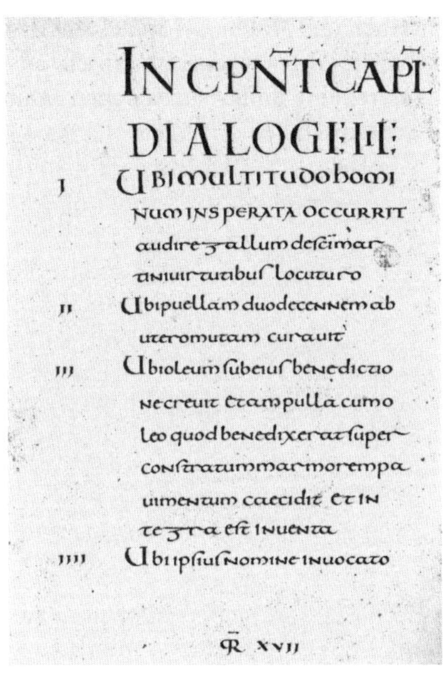
INCPNT CAPL
DIALOGI II
I Ubimultitudohomi
numinsperataoccurrit
audiregallumdescimar
tiniuirtutibuslocuturo
II Ubipuellamduodecennemab
uteromutamcurauit
III Ubioleumsubeiusbenedictio
necreuitetampullacumo
leoquodbenedixeratsuper
constratummarmoretempa
uimentumcaeciditetin
tegraestinuenta
IIII Ubiipsiusnomineinuocato
Q XVII

Abb. 14 «Quedlinburger Martinellus», Halle, Universitätsbibliothek Qu. 79, fol. 136v. Sulpicius Severus, *Dialogi de Vita S. Martini*. Das Kapitelverzeichnis (Capitulatio) zeigt die karolingische 'Hierarchie der Schriftarten': Capitalis quadrata (lin. 1–2), Unziale (lin. 3–4), Halbunziale (ab lin. 5); unten die Lagensignatur *quaternio XVII*. Originalgröße 23 × 16,5 cm.

Wattenbach faßte das paläographische Wissen seiner Zeit zusammen. Neue Wege beschritt Léopold Delisle (1826–1910), der langjährige Handschriften-Bibliothekar der Pariser Bibliothèque Nationale. Von seinen 2000 Veröffentlichungen seien genannt: *Mémoire sur l'école calligraphique de Tours au IXe siècle*, 1885 und *L'évangéliaire de Saint-Vaast d'Arras et la calligraphie franco-saxonne du IXe siècle*, 1888.

Mit dem *Mémoire sur l'école calligraphique de Tours* wurde erstmals eine Schreibschule charakterisiert. Delisle machte am «Quedlinburger Martinellus»[22] die Entdeckung, daß die Schule von Tours im VIII.–IX. Jahrhundert die Halbunziale als Auszeichnungsschrift verwendet. Damit war ein Kennzeichen derjenigen karolingischen Schreibschule entdeckt, die uns die meisten (nämlich ca. 350) karolingischen Codices überliefert hat. Mit der zweiten Arbeit, *L'évangéliaire de Saint-Vaast*, wurde das Augenmerk gelenkt auf das Auftreten eines

---

[22] Halle, Universitätsbibliothek Qu. 79, beschrieben von J. Fliege, *Die Handschriften der ehemaligen Stifts- und Gymnasialbibliothek Quedlinburg in Halle*, Halle a. d. S. 1982, p. 53–56.

neuen Stils im karolingischen Schreiben und Malen, der spätestens um 870 der beherrschende wird. Der Begriff «frankosächsisch» spielt seitdem in der Geschichte der Buchmalerei eine Rolle.[23] Inzwischen zählt man ca. 60 weitere karolingische Schreibschulen.

[23] Monumental dokumentiert bei W. KÖHLER / F. MÜTHERICH, *Die karolingischen Miniaturen* t. 7, Wiesbaden 2009.

IV

Lateinische Paläographie des Mittelalters II. Das XX. Jahrhundert

Nomina non sunt multiplicanda praeter necessitatem,
'Ockhams Rasiermesser'.

Traube knüpfte an Delisles Arbeiten an mit *Perrona Scottorum, ein Beitrag zur Überlieferungsgeschichte und zur Paläographie des Mittelalters*, SB München 1900. Hier geht es um irische und angelsächsische Schrift auf dem Kontinent. Für die beiden kaum zu unterscheidenden Schriftformen führte Traube den Begriff «insular» ein. Traube hat eine Fülle von Anregungen und methodischen Bemerkungen zur Paläographie gegeben. Er postulierte «eine entwicklungsgeschichtliche Paläographie»[1]. Man muß «... die Stummheit des Materials überwinden; [der Paläograph] muß geschickt fragen: das ist das Geheimnis der wissenschaftlichen Methode. Man muß den Gegenstand von verschiedenen Seiten sehen können, den Standpunkt oft verändern, das kleine Material kennen und sich so einen Weg bahnen zu dem größeren».

Ein Beispiel für die geschickte Frage gab Traube in seinem letzten, postum erschienenen Buch *Nomina sacra* (1907). Hier geht es um das, was *nicht* geschrieben ist, nämlich die in Abkürzungen wegfallenden Buchstaben. Traube meint nicht die Abkürzungen, die man macht, um Zeit und Raum zu sparen, sondern die, die hervorheben sollen (wie der moderne «Dr.»). Solche Abkürzungen sind z. B. $\overline{\text{DS}}$ = deus, $\overline{\text{DNS}}$ = dominus, $\overline{\text{IHS}}$ = Iesus. Man nennt sie Kontraktionskürzungen und unterscheidet von ihnen die älteren Suspensionskürzungen, bei denen der Anfangsbuchstabe oder der Anfang des Wortes geschrieben wird; den Rest deutet hier das Kürzungszeichen an. Die Kontraktionskürzung

[1] *Einleitung*, p. 17. Das folgende Zitat p. 18.

hat ihre eigene lehrreiche Geschichte, die Traube auf hebraisierende alexandrinischen Juden zurückführt. Diese Herleitung hat sich nicht bestätigt[2], aber das Gesamtbild der Entwicklung der Nomina sacra (= hervorhebende Abkürzung 'Heiliger Namen') in Antike und Mittelalter ist gültig geblieben. Traubes letztes Werk ist jedenfalls das ideenreichste paläographische Buch des vergangenen Jahrhunderts geworden und geblieben.

Bei Traube ist Elias Avery Lowe (Loew) (1879–1969) Paläograph geworden. Er ist im damals russischen Litauen geboren. Nach einem ersten Abschluß in den USA studierte er in Deutschland, zuerst in Halle, dann in München. Er promovierte in München 1907; seine Dissertation *Die ältesten Kalendarien von Monte Cassino* ist 1908 in Traubes *Quellen und Untersuchungen zur Lateinischen Philologie des Mittelalters* (III,3) erschienen. 1914 publizierte er *The Beneventan Script* (1914, [2]1980). Mit diesem Buch hat sich der Name «Beneventana» für die charakteristische süditalienische Schrift durchgesetzt, die ihr Zentrum in Monte Cassino hatte. Nach dem Kriegseintritt der USA gegen das Deutsche Reich (1917) stellte er seine Deutschlandkenntnis der Military Intelligence Division zur Verfügung und änderte seinen Namen Loew in Lowe um (1918). Ab 1934 setzte er eine zweite Idee Traubes in die Wirklichkeit um: *Codices Latini Antiquiores.* A Palaeographical Guide to Latin Manuscripts Prior to the Ninth Century t. 1–12, Oxford 1934–1971.

Nach und neben ihm ist Bernhard Bischoff (1906–1991) der bekannteste Vertreter lateinischer Paläographie im XX. Jahrhundert geworden. Er hat mehrere Schreibschulen und -landschaften in einer maßgebenden Weise behandelt. Zusammen mit Josef Hofmann hat er in *Libri Sancti Kyliani* (Würzburg 1952) die frühmittelalterliche Schreibschule Würzburgs dargestellt; mit *Die Abtei Lorsch im Spiegel ihrer Handschriften* (Lorsch [2]1989) wurde die Lorscher Schreibschule aufgearbeitet. Mehr für die Spezialisten als die Anfänger hat er ein Lehrbuch der lateinischen Paläographie geschrieben: *Paläographie des römischen Altertums und des abendländischen Mittelalters* (Berlin 1979, [2]1986, [4]2009). Nicht mehr selbst fertigstellen konnte Bischoff seinen seit Jahrzehnten vorbereiteten und angekündigten Katalog der

---

[2] «Quando compaiono i primi nomi sacri latini, la contrazione era già usata in latino», L. SCHIAPARELLI, *Avviamento allo studio della abbreviature latine nel medioevo*, Florenz 1926, p. 29.

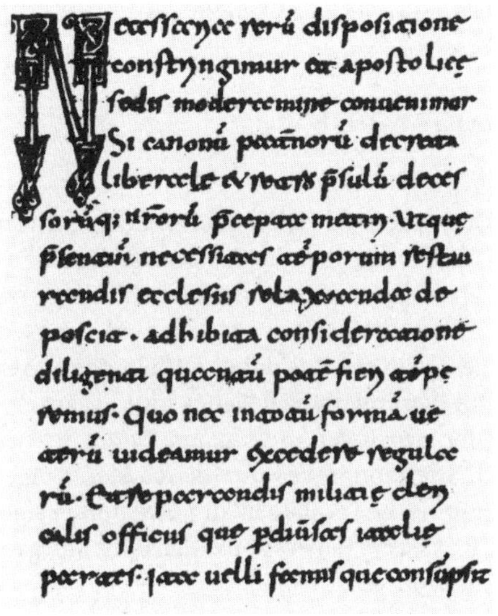

Abb. 15 Rätische Minuskel (mit geschlossenem t-Bogen), Bistum Chur (Pfäfers?) um 800. Einsiedeln, Stiftsbibliothek 199, p. 383. Ausschnitt, Originalgröße der ganzen Seite 21,1 × 12,2 cm.

karolingischen Handschriften, der postum erschien[3].

Die Forschung konzentriert und spezialisiert sich. Wir erkennen und benennen seit einem halben Jahrhundert die rätische Minuskel (Bistum Chur; Abb. 15), die alemannische Minuskel (Reichenau, St. Gallen; Abb. 16), die romaneske Minuskel (früher «Farfastil», um Rom), nennen den besonders in Süddeutschland ab 1000 geschriebenen Stil der karolingischen Minuskel den Schrägovalen Stil (Abb. 17) usw. Aber die Ideen und gelungenen Prägungen sind selten. Diesbezüglich blieb das XX. Jahrhundert hinter Delisle und Traube zurück. Neu ist die Tendenz einer Entwicklung zur rechnenden, messenden, zählenden Wissenschaft. In der sich immer mehr verselbständigenden «Kodikologie» (die sich mit den materiellen Aspekten des Codex beschäftigt) ist diese Neigung ausgeprägt. Schließlich ist das wachsende Interesse des Publikums an der Handschrift als authentischem Zeugnis des Mittelalters zu erwähnen. Es zeigt sich an den vielen Handschriftenausstellungen. Insgesamt sind das gute Aussichten für die Paläographie, eine Wissenschaft mit Zukunft zu bleiben. Als Uni-

[3] *Katalog der festländischen Handschriften des neunten Jahrhunderts (mit Ausnahme der wisigotischen)* t. 1, Wiesbaden 1998; t. 2, 2004; t. 3, 2014.

versitätsdisziplin wird die Paläographie gegenwärtig am stärksten in Italien gefördert.

LITERATUR ZUR PALÄOGRAPHIE

a. Wissenschaftsgeschichte

Der Hinweis darf kurz gefaßt werden. In vielen älteren Lehrbüchern der Paläographie finden sich Abschnitte über die Geschichte der Paläographie als Wissenschaft. Viele von ihnen stehen unter dem Einfluß von L. Traube, *Vorlesungen und Abhandlungen* t. 1, 1909, p. 3–80, und t. 2 (= *Einleitung*), p. 9–18. Wir beschränken uns daher auf ein deutsches und ein französisches Werk, in dem relativ viel Neues und Ergänzendes festzustellen ist: H. Foerster, *Abriß der lateinischen Paläographie*, Stuttgart ²1963, p. 9–36 und J. Stiennon, *Paléographie du Moyen Age*, Paris 1973, p. 23–49. Die biographischen Angaben zu Lowe finden sich in H. Mayo / S. Sharma, «The E. A. Lowe Papers at the Pierpont Morgan Library», *Scriptorium* 46, 1992, p. 90–107.

b. Studienbegleitende Literatur zur Paläographie

Die Paläographie ist immer noch eine junge Wissenschaft. Zum Teil ist die Begriffsbildung noch nicht abgeschlossen. Deshalb lernt man Paläographie am besten bei einem Lehrer, der in der Materie steht, die Handschriften kennt, von denen er spricht, und die Literatur dazu verfolgt. Es ist aber auch möglich, sich durch ein Selbststudium in die Paläographie einzuarbeiten. Hierfür ist trotz seines Alters das Tafelwerk *Lateinische Paläographie* von F. **Steffens**, Berlin/Leipzig ²1929 (französische Ausgabe, ed. R. Coulon, Trier/Paris 1910) das geeignetste; denn Steffens gibt den gut reproduzierten 125 Abbildungen jeweils eine dreifache Erläuterung bei: kodikologische Einleitung, Transkription, paläographischen Kommentar. Die Lücken bei Steffens füllt man am besten mit einem Studium der Tafeln bei F. **Ehrle** / P. **Liebaert**, *Specimina codicum latinorum Vaticanorum*, Bonn 1912 (Berlin ²1927) und mit dem in einem schönen Latein geschriebenen Tafelwerk von J. **Kirchner**, *Scriptura latina libraria*, München 1955.

Einführungen, die den Zeitraum von 400–1500 n. Chr.[4] behandeln, sind[5]:

G. **Battelli**, *Lezioni di paleografia*, Rom ³1949 (oft nachgedruckt); ⁴1999

B. **Bischoff**, *Paläographie des römischen Altertums und des abendländischen Mittelalters*, Berlin ⁴2009

–, *Paléographie de l'antiquité romaine et du moyen âge occidental*, trad. H. Atsma / J. Vezin, Paris 1985

–, *Latin Palaeography*. Antiquity and the Middle Ages. Translated by D. O Cróinín / D. Ganz, Cambridge/New York 1990

–, *Paleografia latina*. Antichità e Medioevo. Edizione italiana a cura di G. P. Mantovani / S. Zamponi, Padua 1992

B. **Bretholz**, *Lateinische Paläographie*, Leipzig/Berlin ³1926

M. P. **Brown**, *A guide to Western Historical Scripts*. From Antiquity to 1600, London 1990

G. **Cencetti**, *Paleografia latina*, Rom ²1978

P. **Cherubini** / A. **Pratesi**, *Paleografia Latina*, t. 1 Tavole, Rom 2004; t. 2, 2010

A. **Derolez**, *The Palaeography of Gothic Manuscript Books*, Cambridge 2003

H. **Foerster**, *Abriß der lateinischen Paläographie*, Stuttgart ²1963 [³2004 bearb. von T. Frenz]

F. **Gasparri**, *Introduction à l'histoire de l'écriture*, Turnhout 1994

P. **Lehmann**, «Lateinische Paläographie bis zum Siege der karolingischen Minuskel», in *Einleitung in die Altertumswissenschaft*, edd. A. Gercke / E. Norden, t. 1 fasc. 10, Leipzig/Berlin 1927, p. 38–68

---

[4] Diese Zeitgrenzen sind sinnvoll, da erst um 400 n. Chr. unsere Überlieferung von *gesamten* Handschriften einsetzt (mit den Codices Vergiliani), andererseits um 1500 der Buchdruck sich endgültig gegen das Manuskript durchgesetzt hat. Von den paläographischen Lehrbüchern, die sich auf einen kürzeren Zeitraum beschränken, sind ausnahmsweise diejenigen von Derolez und Lehmann in die Liste aufgenommen.

[5] Mangels Sprachkenntnissen können leider nicht vorgestellt werden: O. A. Dobias-Rozdestvenskaja, *Istorija pioma v srednie veka*, Moskau/St. Petersburg 1936 (russisch), A. D. Ljubinskaia, *Latinskaja paleografija*, Moskau 1969 (russisch), J. Stipišić, *Pomoćne povijesne znanosti v teorji i praksi*, Zagreb 1985 (kroatisch) und A. Gieysztor, *Zarys dziejów pisma łacińskiego*, Warschau 2009 (polnisch).

E. A. **Lowe**, *Handwriting.* Our medieval legacy, Rom 1969

A. **Petrucci**, *Breve storia della scrittura latina*, Rom ^{2}1992

M. **Parisse**, *Manuel de paléographie médiévale*, Paris 2006

K. **Schneider**, *Paläographie und Handschriftenkunde für Germanisten*, Tübingen 1999

J. **Stiennon**, *Paléographie du Moyen Age*, Paris 1973; ^{2}1991

E. M. **Thompson**, *An introduction to Greek and Latin Palaeography*, Oxford ^{4}1912 (repr. New York 1972)

Battellis *Lezioni di paleografia* sind aus langjährigem Unterricht an der Vatikanischen Bibliothek erwachsen. Es lohnt sich immer noch, dieses didaktisch klar aufgebaute Standardwerk durchzuarbeiten – wobei man sich die Abschnitte über die Geschichte der Buchmalerei (mit z. T. grotesken Urteilen über alles, was nicht auf den Stil Raffaels hinführt) sparen kann. 45 Strichätzungen aus zumeist vatikanischen Handschriften illustrieren den Text. Es versteht sich, daß in einem Buch, das 1936 erstmals publiziert wurde, nicht alles mehr den Stand der Forschung wiedergibt. Battellis Abb. 26 z. B. (= unsere Abb. 16) zeigt eine in breitem Duktus geschriebene Minuskel mit ɑ (= a), Ligaturen er, ex, et, nt, re, rn, die wir jetzt die Alemannische Minuskel nennen[6]. Auch ein zweites Schriftbeispiel bei Battelli müßte heutzutage präziser betitelt werden (unsere Abb. 17). Es handelt sich hier um ein Beispiel des Schrägovalen Stils der karolingischen Minuskel[7]. Bei der historischen Darstellung ist manches korrekturbedürftig, was die Gebiete nördlich der Alpen betrifft. Fulda ist nicht von Iren gegründet (p. 118 [3. Aufl.] bzw. 114sq. [4. Aufl.]) und nicht 774 (p. 205 [bzw. 190] statt 744), die Reichenau liegt nicht in der Schweiz (p. 167 [bzw. 157sq.]), und die insulare Minuskel hört in England nicht «con l'invasione normanna» 1066 auf.

Bischoffs 1979 erstmals publiziertes Buch hat sich international durchgesetzt, wie man mit einem Blick auf der Liste sieht. Es sollte eigentlich *Lateinische Paläographie* heißen, aber der Verlag

---

[6] Die Benennung der Schrift muß auch in CLA I 7,85,89 korrigiert werden; N. Maag, *Alemannische Minuskel (744–846 n. Chr.)*, Stuttgart 2014, p. 23 n. 100.

[7] Besser als in seinem Paläographielehrbuch hat Bischoff diesen Stil beschrieben im Ausstellungskatalog *Kalligraphie in Bayern*, Wiesbaden 1981, p. 34.

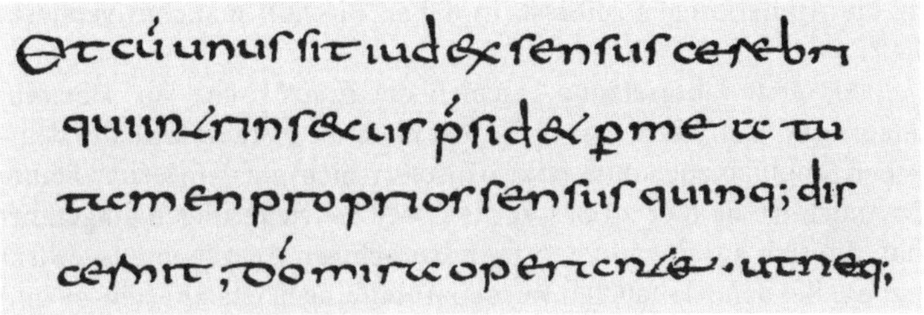

Abb. 16 Alemannische Minuskel (mit cc-a, Minuskelligatur nt in der Wortmitte und breitem Duktus), Reichenau (?) um 800. Rom, Biblioteca Apostolica Vaticana Vat. lat. 583, fol. 7^{r}. Ausschnitt, Originalgröße der ganzen Seite 24 × 14,7 cm.

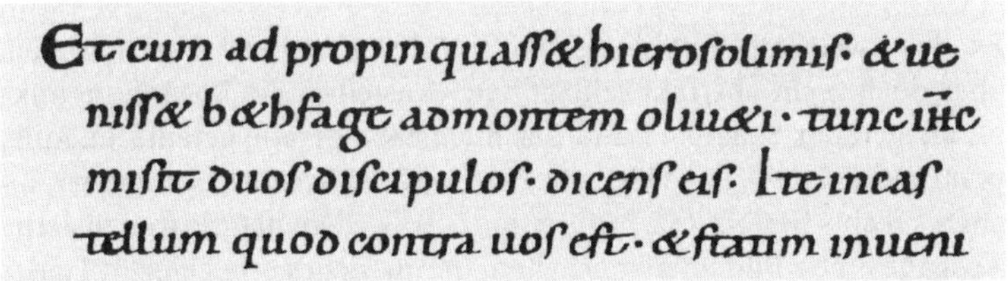

Abb. 17 «Schrägovaler Stil» der karolingischen Minuskel: Die Bögen von b, d, p, g richten sich nach dem schrägovalen o; q (nicht aber p) hat einen kleinen Basisstrich. f und ſ schwingen nach links und können unter die Zeile gehen. ſſ (lin. 1) ist zusammengeschoben. Zweistufige Interpunktion: Punkt auf Mitte und folgende Minuskel = kleine Pause; Punkt auf Mitte und folgende Majuskel = große Pause. Rom, Biblioteca Apostolica Vaticana Ottobon. lat. 74, fol. 57^{r}. Ausschnitt.

wünschte das Wort «lateinisch» nicht im Titel zu sehen. (Es galt damals als verkaufshemmend.) Der Hauptteil «Geschichte der lateinischen Schrift» ist von zwei knapp gefaßten allgemeineren Teilen umrahmt: «Handschriftenkunde» und «Die Handschrift in der Kulturgeschichte». Eine *Geschichte der Paläographie* als Wissenschaft findet man eigentlich nicht in dem Buch (deshalb ist sie hier ausführlicher behandelt). Die deutsche Ausgabe ist in den ersten drei Auflagen nahezu ohne jede Illustration. Nur die Alphabete der besprochenen Schriften und ein Dutzend Seiten Abkürzungen sind (leidlich geschrieben) zu sehen. Das Buch ist zum autodidaktischen Einarbeiten in die Paläographie ungeeignet; wer aber in der Materie Fuß gefaßt hat, wird eine Fülle von Anregungen, Hinweisen und Perspektiven finden, zumal wenn er die Anmerkungen mitliest, in denen Bischoff manches versteckt hat[8].

Als erste Übersetzung erschien die französische von Hartmut Atsma und Jean Vezin (1985). Sie legt noch die erste Auflage des deutschen Originals zugrunde, ist also insofern nicht auf dem letzten Stand. Dennoch ist sie hier zu besprechen, weil sie Neuerungen eingeführt hat, die sich auf die anderen fremdsprachigen Ausgaben ausgewirkt haben. Bei den Alphabeten wurden Abbildungen des «Kasten-a» und des «Rücken-s» eingefügt:

«Kasten-a» «Rücken-s»

Es sind zwei Begriffe, die Bischoff von J. P. Gumbert[9] übernommen, aber doch recht abstrakt erklärt hat: «Kasten-a: die Bogenlinie links ... als gerader Schaft ... und der Buchstabe gerade geteilt» (2. Aufl., p. 181); «Rücken-s: das aus einem Strich oder Bogen links mit einer flachen 3 rechts besteht» (2. Aufl., p. 190). Außerdem hat die französische Ausgabe einen Bildanhang erhalten, der manches erleichtert[10]. Leider fehlen Illustrationen zu den beiden bedeutendsten Neuerungen, die Bischoff in die Paläographie eingeführt hat: die Lokalisierung der merowingischen b-Schrift nach Chelles (cf. Abb. 18) und den Begriff des Schrägovalen Stils (cf. Abb. 17). Auch wären Abbildungen der alemannischen Minuskel (cf. Abb. 16) und der rätischen (cf. Abb. 15) nötig

[8] Entsprechend dem früheren Wissenschaftsstil ist das Buch zurückhaltend mit Definitionen. Es fehlt z. B. eine solche der Ligaturen. Sie sei hier nachgeliefert. «Eine Ligatur ist die Verbindung mehrerer Buchstaben, die jeweils mindestens ein konstituierendes Element gemeinsam haben [engere Definition], oder bei denen sich Form oder Lage des Buchstabens verändert [weitere Definition]». Der typische erste [enger definierte] Fall ist NT : N und T haben einen Schaft gemeinsam; ein typischer zweiter [weiter definierter] Fall ist mi : Das subskribierte i verändert seine Position. Manche Paläographen beschränken den Begriff Ligatur auf den zweiten Fall [unsere weitere Definition] und verwenden für den ersten Fall [unsere engere Definition] den Begriff *Nexus (litterarum)*.

[9] J. P. Gumbert, *Die Utrechter Kartäuser und ihre Bücher*, Leiden 1974, p. 226 und 228.

[10] Die beiden oben abgebildeten Buchstaben und der Bildanhang sind in die 4. Auflage von Bischoffs *Paläographie*, besorgt von W. Koch, übernommen worden.

gewesen, da sich diese Begriffe noch nicht überall herumgesprochen haben.

Die zweite Übersetzung ist die englische (1990); sie legt die zweite Auflage des Originals zugrunde. Ebenso die italienische von 1992. Ein weniger gut geschriebenes Schriftbeispiel der deutschen Ausgabe (Abb. 2 auf p. 79) ist in der italienischen Übersetzung ausgetauscht, und bei den Tafeln ist wenigstens die Romanesca eingefügt (tab. 15), ferner die für Italien wichtigen gotischen Schriften Cancelleresca (tab. 25) und Mercantesca (tab. 26). Die Beispiele für humanistische Minuskel und Kursive (tab. 29–30) stammen aus Handschriften der beiden hierfür maßgeblichen Leute: Poggio Bracciolini und Niccolò Niccoli.

Alle drei Übersetzungen des Bischoff-Lehrbuchs haben mit dessen verknapptem Nominal- und Adverbialstil zu kämpfen. Am ehesten ist es wohl der italienischen Ausgabe gelungen, das Buch in eine andere Sprache zu transportieren, wobei der Reichtum des Italienischen in der Beschreibung des Visuellen zweifellos mitgeholfen hat.

Die englische Übersetzung hat manches bei Bischoff allzu kurz Gesagte verdeutlicht. Wie aus dem Schaft der Papyrusstaude der Beschreibstoff Papyrus gemacht wird, versteht man besser in der englischen Ausgabe als in der deutschen, weil sich die englische Zusätze erlaubt. Schwierigkeiten gibt es manchmal im Englischen, paläographische Details genau zu übersetzen: Ist das ꝑ der «westgotischen» Schrift wirklich «with the e y e added on the left of the shaft» (Bischoff: «mit dem links angehängten B o g e n»)[11]. Auf p. 138 (der 2. Aufl.) spricht Bischoff von der Ligatur tz in oberitalienischen Kursiven. Er vermutet «langobardischen Einfluß». In der Anmerkung 54 dazu heißt es: «Auch in der Schreibung langobardischer Handschriften ist gelegentlich eine Schärfung des im Lateinischen stimmhaft gewordenen oder palatalisierten z zu tz eingetreten (Eliphatz ... Tzeno)». Ein Satz, der eine Menge voraussetzt. Was sind «langobardische Handschriften»? Was ist eine Schärfung? Ein stimmhaft gewordenes z kann man sich als stimmhaftes s im Anlaut wie bei frz. «zéro» vorstellen. Aber ein «palatalisiertes z» (gemeint Θ = engl. th?)?

[11] Im ersten Druck der englischen Übersetzung sind 140 Anmerkungen nicht richtig mit dem Haupttext verknüpft. Dies ist in den zahlreichen Nachdrucken der Übersetzung (z. B. «Eleventh printing» 2008) in Ordnung gebracht worden.

Da muß man die Literatur konsultieren, die dazu angegeben ist: «L. Schiaparelli, … Arch. stor. ital. 87, 1927 …». (Daß der Aufsatz nachgedruckt ist in L. Schiaparelli, *Note paleografiche*, Turin 1969, p. 437sqq. ist wahrscheinlich aus Raumersparnisgründen nicht angegeben.) Bei Schiaparelli erfährt man, daß diese Ligatur

(cf. ChLA III, p. 9 lin. 15)

in einem frühen Aufsatz von Lowe (1910) mißverstanden und einfach als z aufgefaßt wurde. Auf die Gründe, warum oberitalienische Schreiber das z verstärken, und z. B. *Tzeno* statt *Zeno* schreiben, geht Schiaparelli nicht ein. In der Interpretation des tz als Reaktion auf einen Wandel der Aussprache des Lateinischen liegt also das Neue der Darstellung Bischoffs.

Der problematische Bischoff-Satz ist in der englischen Übersetzung so wiedergegeben (p. 102 n. 54): «Lombard manuscripts occasionally write tz to signify a vocalized or palatalized z in Latin». Genau das Gegenteil ist wahr; denn ein oberitalienischer Schreiber, der den Stadtpatron Zeno von Verona schreibt: *Tzeno*, will nicht signalisieren, sondern *vermeiden*, daß man ihn Dșeno (stimmhaft) ausspricht; kurzum er will an der spätantiken Aussprache festhalten. Die französische (p. 115) und die italienische (p. 146) Übersetzung haben das Gemeinte erfaßt: «Dans la graphie des manuscrits lombards, on constate parfois que z, qui était devenu sonore ou palatisé, a été remplacé par tz pour restituer le caractère aigu». – «Anche nella grafia dei manoscritti longobardi si verifica talora che la z, divenuta in latino sonora o palatalizzata, è resa con tz».

Die *Lateinische Paläographie* von **Bretholz**, erstmals 1906 erschienen, ist in allen Teilen überholt.

Die British Library London publizierte 1990 **Browns** *Guide to Western Historical Scripts* mit 52 meist sehr gut reproduzierten Tafeln, die – schulmäßig aufgebaut – von der Capitalis quadrata bis zur humanistischen Kursive reichen. Michelle Brown hat auf konsequent *gleichmäßige* Erfassung der Schrift- (und Buch-)Phänomene Wert gelegt. Die insularen Schriften werden dem Paläographen Julian T. Brown folgend detailliert ausdifferenziert: Sieben verschiedene Schriftnamen werden da (tab. 16–22) für die insulare Schriftentwicklung vorgeschlagen. Weniger Aufmerksamkeit findet der Kontinent. Wie schon bei

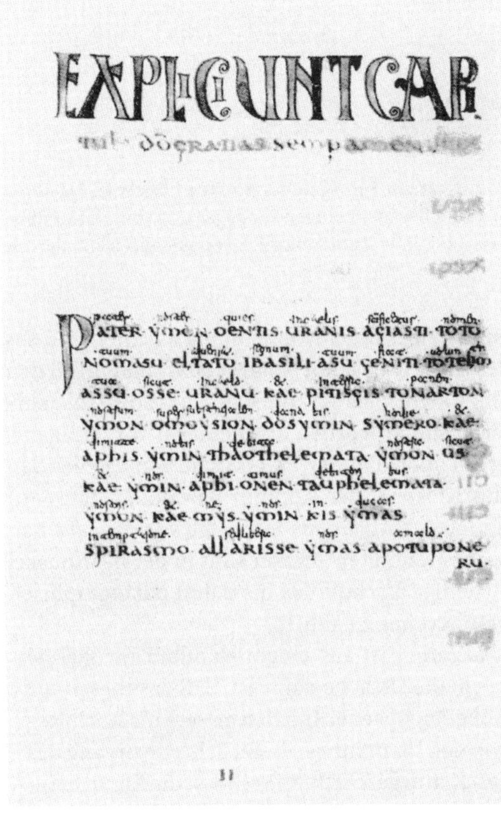

Abb. 18 Griechisch-lateinisches Vaterunser; das Griechische in Unziale mit ‘trapezförmigem’ N; die Minuskel mit dem charakteristischen b, Chelles saec. VIII ex. Rom, Biblioteca Apostolica Vaticana Reg. lat. 316, fol. 2ᵛ. Originalgröße 26 × 17,2 cm.

Battelli (vgl. oben Abb. 16) wird eine Alemannische Minuskel als «pre-Caroline German minuscule» bezeichnet (Vat. Pal. lat. 245; tab. 14); der immerhin seit 70 Jahren wissenschaftlich gesicherte Begriff der Alemannischen Minuskel[12] wird nicht verwendet. Man traut kaum seinen Augen, wenn tab. 11 das «Sacramentarium Gelasianum» Vat. Reg. lat. 316 – in die Paläographie durch Ehrle/Liebaert, *Specimina* eingeführt – vorgestellt wird als «French, N.E. (?), s. VIII^{med}» (Abb. 18).

12 Eine paläographisch-historische Darstellung der Alemannischen Minuskel wird verdankt N. Maag, *Alemannische Minuskel (744–846 n. Chr.)*, Stuttgart 2014.

Abb. 19 Authentik in b-Minuskel um 800 (gefunden 1983 in Chelles): *De barba sancti leudegarii et spungia* «Vom Bart des heiligen Leodegar und vom Schwamm». Das b der Chelles-Minuskel ist auf dieser Authentik gut zu erkennen. Originalgröße 1,5/2 cm × 7,5 cm.

Bischoffs Aufsatz über «Die Kölner Nonnenhandschriften und das Skriptorium von Chelles» von 1957 gehört zugegebenermaßen zu den schwereren Lektüren; aber keine paläographische These des XX. Jahrhunderts ist glänzender bestätigt worden als die darin vorgetragene. Denn als 1983 Jean-Pierre Laporte in der Pfarrkirche von Chelles den Schrein der Stifterin des Klosters, der Königin Balthild († um 680) öffnen durfte, kamen 139 Authentiken ans Licht, die vor das Jahr 800 zu datieren sind, und «une trentaine»[13] davon sind in der b-Minuskel geschrieben, als deren Heimat Bischoff das bis dahin paläographisch unbekannte Chelles postuliert hatte (Abb. 19).

Cencettis *Paleografia latina* ist aus einem Handbuchartikel hervorgegangen, was vielleicht die Ursache dafür ist, daß das thesen- und diskussionsfreudige kleine Buch weder Inhaltsverzeichnis noch Register hat. Cencetti geht von den Wandlungen beim Schreibvorgang aus – eingebettet in (fast zuviel) Kulturgeschichte; für ihn ist die Kursive das A und O der Schriftentwicklung. Gut gezeichnete Buchstaben und (sehr kleine) Tafeln begleiten den Text. Die humanistische Kursive, deren «identificatissimo padre» (p. 148) Niccolò Niccoli ist, wollte Cencetti «scrittura italica» nennen; der Vorschlag hat außerhalb Italiens keinen Anklang gefunden. Nur die humanistisch-kursiven Drucktypen heißen auf Französisch nach wie vor «italiques».

Cherubini / Pratesi haben ein Lehrwerk mit Tafelteil vorgelegt, das den Forschungsstand zu selten erreicht: Wie zu Zeiten Mabillons ist darin ungeschützt von «scritture nazionali» die Rede (p. 166 u. ö.).

---

[13] J.-P. LAPORTE, *Le trésor des saints de Chelles*, Chelles 1988, p. 118. Der Authentikenschatz ist mittlerweile publiziert in ChLA XVIII, 669.

Als Ausgangspunkt der karolingischen Minuskel erscheint die Hofschule Karls des Großen, das Zeugnis der Maurdramnusbibel (772–781) aus Corbie gilt als «precarolina» (p. 361)[14] und die Halbunziale unter Leutchar als «minuscola di Corbie del tipo di Leutcario» (tab. 35). Eine instruktive Auswahl teils seltener paläographischer Zeugnisse enthält der Tafelband.

Albert **Derolez**, *The Palaeography of Gothic Manuscript Books* trägt den Untertitel «From the Twelfth to the Early Sixteenth Century», an den sich der Autor erfreulicherweise nicht hält; denn er behandelt ausführlich die karolingische Minuskel und deren Entwicklung im XI. und XII. Jahrhundert. Die späteren Formen der karolingischen Minuskel will Derolez *Praegothica* titulieren, was im Sinn einer genauen Unterscheidung des Begriffs nicht nachahmenswert ist. Für das gotische Schriftwesen werden G. I. Lieftinck folgend[15] viele Begriffe gebraucht, die die Lektüre paläographischer Beschreibungen nicht vereinfachen. Jedoch ist das sorgfältig redigierte Buch bestens geeignet, in die Problematik des sich breit entfaltenden Schriftwesens einzuführen; die 160 beigegebenen Abbildungen zeigen zwar meist nur Ausschnitte, sind aber lesbar und genau erklärt. Das Buch ist auch nützlich für denjenigen, der sich in die englische Terminologie der Paläographie (die noch im Fluß ist) einarbeiten möchte.

Als Lehrbuch wurde 1949 **Foerster**s *Abriß der lateinischen Paläographie* erstmals gedruckt. Die zweite Auflage von 1963 bringt viel (z. T. entlegene) Literatur zur Geschichte der Paläographie, enthält 24 (nicht immer scharfe) Tafeln, verzichtet jedoch auf Alphabete. Die breit gefaßten Beschreibungen können den visuellen Eindruck nicht ersetzen. Wohl niemand kann sich nach der Lektüre von p. 163–169 vorstellen, wie extrem verfremdet in der römisch-päpstlichen Kuriale (VIII.–frühes XII. Jh.), die noch in der dritten Auflage von 2004 als Langobardica bezeichnet wird, die Buchstaben a, e, q, t waren:

---

14 Inzwischen hat sich Corbie als Ausgangsort der karolingischen Minuskel durch ein älteres Zeugnis unter Abt Leutchar (um 765) bestätigt; c.f. T.L., «Die älteste karolingische Minuskel», Mlt. Jb. 47 (2012), p. 337–346.

15 Bischoff / G. I. Lieftinck / G. Battelli, *Nomenclature des écritures livresques du IXe au XVIe siècle*, Paris 1954.

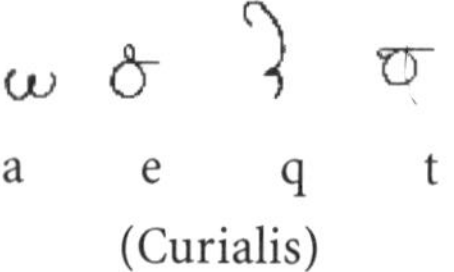

Für den Uneingeweihten müssen sie wie eine Geheimschrift ausgesehen haben:

IN N(omine) D(omi)NI D(e)I SALU(atoris) N(ostri)

Charakteristisch für Foersters Lehrbuch ist eine gewisse Unentschiedenheit. Der Begriff der Nationalschriften – eigentlich seit Maffei überwunden – taucht (ohne Anführungszeichen) auf; die karolingische Minuskel wird in einer Bildbeischrift (p. 253) zur «romanischen Schrift»; eine «Zisterzienserschrift» (ib.)[16] wird genannt (Abb. 20), deren Unterscheidungsmerkmal zur gewöhnlichen, gotischen Minuskel allein im Vorkommen des Interpunktionszeichens Metrum .: besteht[17]. Wer auf Unterscheidung der Begriffe achtet, sollte das Buch mit Vorsicht benützen. Die ersten hundert Seiten des Buchs bringen manche Ergänzung zu Wattenbachs *Schriftwesen im Mittelalter*. Lesenswert bleibt der Abschnitt über die Zahlen (p. 242–248).

Françoise **Gasparri**s *Introduction* ist ursprünglich wohl ein Vorlesungsmanuskript gewesen, das den paläographischen Stoff mit allerlei historischem Hintergrund unterlegt. Die Stärke des Buchs liegt im Kapitel «Enseignement et pratique de l'écriture aux XIIIe–XVe siècles», wo die Autorin auch die seltenen italienischen Schreiblehren und Kalligraphie-Traktate des XV. und XVI. Jahrhunderts bespricht. Die Schwäche liegt in den lieblos abgeklatschten 70 Abbildungen, von

---

[16] Bereits 1954 hat Bischoff das von Foerster abgebildete Beispiel (Berlin, Staatsbibliothek Phill. 1772) herangezogen, um es anders zu definieren: «Minuscule gothique primitive», Bischoff / Lieftinck / Battelli, (vorige n.), p. 13. Es bleibt allerdings die Interpunktion als typisch zisterziensisch zu erwähnen.

[17] Das andere zisterziensische Interpunktionszeichen heißt Flexus .˙. Über diese Zeichen M. Hubert, «Corpus stigmatologicum minus», ALMA 37, 1970, p. 5–171, hier p. 161sq.

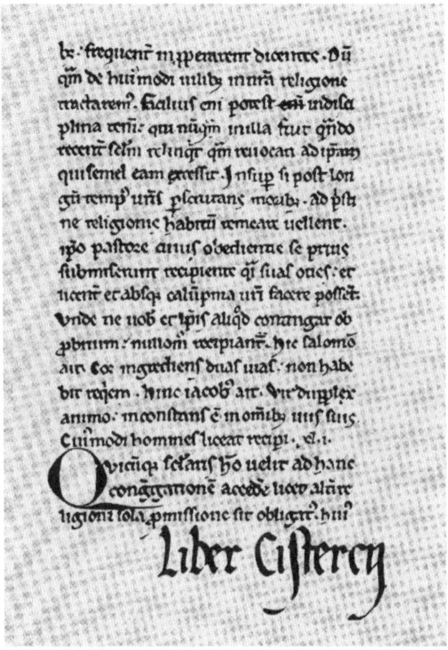

Abb. 20 Frühe gotische Minuskel mit Zisterzienserinterpunktion saec. XIII[1]. Berlin, Staatsbibliothek Phill. 1772, fol. 27[r]. Verkleinert.

denen ein Teil auch mit der Lupe nicht lesbar ist. Das Tüpfelchen auf dem i dieser Sorglosigkeit ist, daß Tafel 2 auf dem Kopf steht[18].

Paul **Lehmann**s *Lateinische Paläographie bis zum Siege der karolingischen Minuskel* von 1927 ist noch von wissenschaftsgeschichtlichem Interesse. Wer sich z. B. wundert, daß in Bischoffs *Paläographie* die Schriftgeschichte der mittelalterlichen Schriften im entlegenen Irland beginnt (und nicht in Italien oder Frankreich), wird das Vorbild dafür bei Lehmann finden (p. 50). Auch daß dann Spanien folgt und dann erst die für die Entwicklung zentralen Skriptorien Italiens und Frankreichs, ist hier vorgebildet.

Lowes *Handwriting* war ursprünglich ebenfalls ein Handbuchartikel (1926). Über ihn sagt Cencetti in seinen *Lineamenti* (p. 12): «Lo stesso Lowe, quando ha voluto tentare un breve riassunto di quella

[18] Auch sonst ist manches nicht so gründlich revidiert worden, wie das für ein Lehrbuch wünschenswert ist; p. 16, wo von 24 (statt 23) Buchstaben des lateinischen Alphabets die Rede ist; p. 38, wo Karl d. Gr. nur dreimal in Rom war (statt viermal); p. 65, wo «Saint Colomban» Lindisfarne gründet (statt Aidan) etc.

storia [della scrittura] è stato inferiore alla sua fama.» Das gilt auch, nachdem daraus mit großem Layout ein Buch von 38 Seiten und 22 (sehr guten) Tafeln gemacht wurde. Was da im Vollton der Autorität verkündet wird, stimmt bisweilen weder im Kleinen noch im Großen. Verona entbehrte keineswegs «a minuscule of its own before the ninth century» (p. 25), z. B. in den auffallend groß geschriebenen Büchern, die Bischof Egino in Verona schreiben ließ, um sie in seine 799 erfolgte Gründung Reichenau-Niederzell mit über die Alpen zu nehmen (Abb. 21)[19].

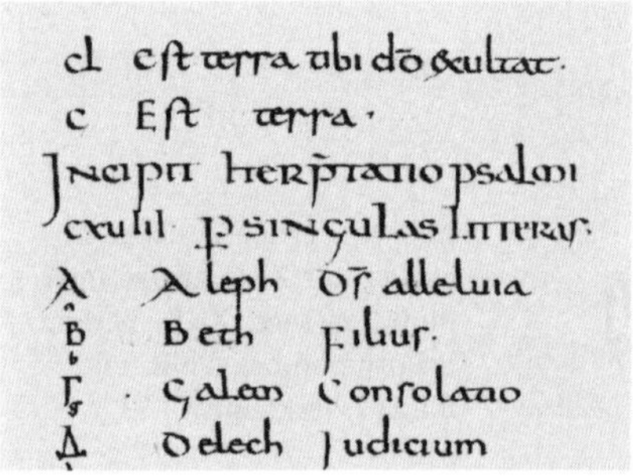

Abb. 21 Bischof Egino v. Verona zog sich 799 auf die Reichenau zurück. Er brachte mit sich eine Sammlung von Büchern, die in Verona noch im VIII. Jh. in einer großdimensionierten karolingischen Minuskel geschrieben wurden. Der Ausschnitt aus St. Gallen, Stiftsbibliothek 110, p. 381 zeigt in der ersten Kolumne ein griechisches Alphabet. Originalgröße der ganzen Seite 28 × 20,3 cm.

Dieser Egino ist nicht 799 gestorben, sondern 802, und sein Nachfolger hieß nicht Rothaldus (p. 26), sondern Ratoldus, der Gründer von Radolfzell. Der unglückliche Begriff einer «Viertelunziale» wird abermals ins Spiel gebracht[20], und die Idee, daß die karolingische Minuskel nichts anderes sei als eine von kursiven Elementen gereinigte Halbunziale und in Tours entwickelt worden wäre, wird ohne Anmerkung und ohne Beleg vorgetragen[21]. Also spielt Aachen keine Rolle bei der Ent-

[19] W.B. / A. Zettler, *Egino von Verona*. Der Gründer von Reichenau-Niederzell (799), Stuttgart 1999.

[20] Dazu kritisch T.L., *Halbunziale*, Stuttgart 2018, p. 57sq.

[21] Dagegen expressis verbis Bischoff, *Paläographie* (2. Aufl.) p. 147 n. 110.

wicklung der bedeutendsten Schrift des Mittelalters; «The Germanic peoples as such made no new contribution to handwriting».

Der *Manuel de paléographie médiévale* von Michel **Parisse** trägt den Untertitel *Manuel pour grands commençants* und hat sich zum Ziel gesetzt, den französischsprachigen Historikern – auch wenn sie «blutige Anfänger» sein sollten – mit Leseübungen von Buch- und Urkundenschriften (vorwiegend lothringischer Herkunft) die Fähigkeit beizubringen, Originale zu lesen.

Eigentümlich national geprägt ist **Petruccis** wohlinformierte und thesenfreudige *Breve storia della scrittura latina*. Die italienische Entwicklung wirkt wie abgekoppelt vom übrigen Europa. Bei einem Paläographen, der sich anhand der Notarschriften in die Materie eingearbeitet hat, ist das vielleicht auch verständlich; denn eine durchgehende Tradition des Laien-Notariats hat in Europa nur Italien aufzuweisen. Die Schriftgeschichte mündet bei Petrucci in die «Italica», das ist die humanistische Kursive «di modello cancelleresco» (p. 195). Die italienische Einigung auf dem Gebiet der Schrift hat also schon in der zweiten Hälfte des XVI. Jahrhunderts stattgefunden, dreihundert Jahre vor Garibaldi[22]. Das im Zahlenwerk und den fremdsprachigen Namen leider nicht fehlerfreie Buch ist mit Tafeln unterschiedlicher Qualität illustriert. Interessant ist allemal, was Petrucci bietet, z. B. ein Autograph aus den letzten Lebensjahren des Franz von Assisi († 1226). Franziskus schreibt noch die karolingische Minuskel (mit der für das XII. Jahrhundert charakteristischen 'Anschiebung' ꝑpt̃ lin. 7 und 17 auf Abb. 22).

Da eine Transkription wie meist in dem Buch fehlt, sei sie hier geliefert[23]: *Frater Leo, frater Francisco tuo salutem et pacem. Ita dico tibi, fili mei, sicut mater: quia omnia verba, quae diximus in via, breviter in*

[22] Mit Betroffenheit liest man auf p. 99 von der «distruzione dei più antichi fondi del Grande Archivio di Napoli, operata da truppe tedesche il 30 settembre 1943 a S. Paolo Belsito, nei pressi di Nola» und ist fast beruhigt, daß es bloß «bombardamenti bellici» – ohne Schuldige – waren, die das Kloster Montecassino am 15. II. 1944 von der Bergspitze wegradierten. Die Mönche von Montecassino haben das anders erlebt: E. Grossetti / M. Matronola, *Il bombardamento di Montecassino*. Diario di guerra, Montecassino 1997.

[23] Nach K. Esser (ed.), *Die Opuscula des hl. Franziskus von Assisi*, Grottaferrata 1976, p. 222.

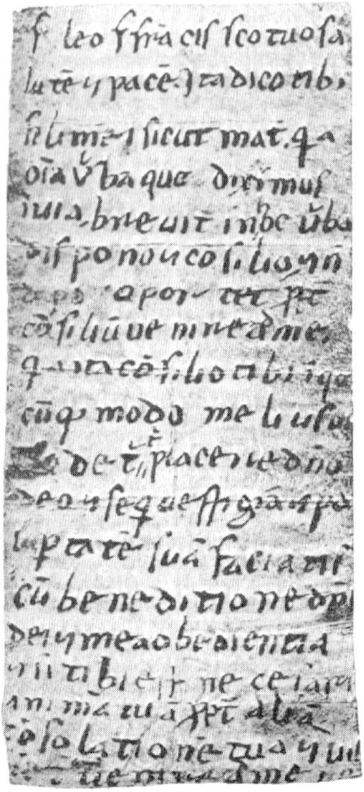

Abb. 22 Autograph des Franziskus aus seinen letzten Lebensjahren (1224–1226). Spoleto, Domschatz s.n.

hoc verba [sic] dispono et consilio, et si dopo [tibi?] oportet propter consilium venire ad me, quia ita consilio tibi: In quocumque modo melius videtur tibi placere Domino Deo et sequi vestigiam [sic] et paupertatem suam, faciatis cum beneditione domini dei et mea obedientia. Et si tibi est necessarium animam tuam propter aliam consolationem tuam et vis, Leo, venire ad me, veni.

Karin **Schneider** nennt im Titel ihren Adressatenkreis: *Paläographie und Handschriftenkunde für Germanisten*. Ihr sorgfältig und sehr lesbar geschriebenes Buch von knapp 250 Seiten ist für den Latinisten bedeutsam, weil die Datierung der gotischen Schriften im Zentrum steht. Hier werden viele Detailbeobachtungen mitgeteilt, die es ermöglichen sollen, auf ein halbes Jahrhundert genau zu datieren. Wer mit gotisch geschriebenen Handschriften zu tun hat, sollte neben einem systematischen Vergleich 'seiner' Schrift mit den diversen Seiten

Abb. 23 Archaisierende karolingische Minuskel aus Weingarten, saec. XIII in. Aufgerichtete und gleichgerichtete Buchstabenschäfte, nahezu waagrechte An- und Abstriche, kurze Ober- und Unterlängen, tiefschwarz angelegtes Schriftband. Fulda, Hess. Landesbibliothek Aa 49, fol. 1^{r}. Ausschnitt, Originalgröße des ganzen Blatts 32,5 × 22,5 cm.

der *Datierten Handschriften*[24] auch dieses Buch heranziehen, dessen bescheidene Abbildungen sehr genau mit dem Text verzahnt sind.[25]

Die 1973 erstmals publizierte *Paléographie du Moyen Age* des Lütticher Historikers Jacques **Stiennon** ist lesenswert geblieben, weil sich in ihr die europäische Weite der Mediävistik spiegelt. Manches ist jetzt überholt, z. B. die Meinung, Karl der Große habe in seiner *Admonitio generalis* mit der Mahnung zum Studium von *notae* die Musiknoten (p. 97) gemeint[26] oder der Gebrauch der karolingischen Minuskel noch im frühen XIII. Jahrhundert (in Mitteleuropa) sei nichts als eine «agonie prolongée» (p. 112). Man denke an den prächtigen «archaisierenden Stil» der karolingischen Minuskel (Abb. 23) in Weingarten unter Abt Berthold (1200–1232).

Manches war schon überholt, als Stiennon sein Buch publizierte. Die Auszeichnungsbuchstaben, die der karolingische Kalligraph Bertcaudus entworfen hat und von denen Lupus von Ferrières in *Epist.* 5 an

[24] Die größte dieser auf nationaler Ebene organisierten Teilsammlungen ist der *Catalogue des manuscrits en écriture latine portant des indications de date, de lieu ou de copiste* t. 1–7, edd. C. Samaran / R. Marichal, Paris 1959–1984.

[25] Dazu auch K. Schneider, *Gotische Handschriften in deutscher Sprache* t. 1, Wiesbaden 1987; t. 2, 2009 (mit vielen instruktiven Abbildungen in den jeweiligen Tafelbänden).

[26] Karl d. Gr. meinte die Tironischen Noten.

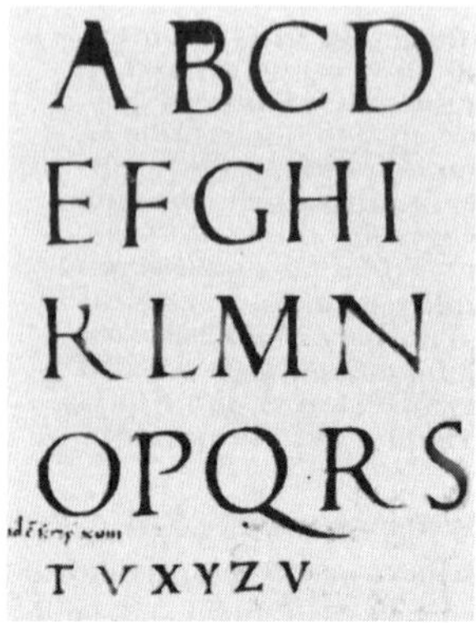

Abb. 24 Musteralphabet der Capitalis quadrata aus der Hs. Bern, Burgerbibliothek 250, fol. 11^{v}. Ausschnitt, Originalgröße des ganzen Blatts 29 × 23 cm.

Einhart schreibt (p. 64), können wir uns sehr gut vorstellen, seitdem Bischoff im Katalog *Karl der Große* (1965) unter nr. 385a auf den Bernensis 250 hingewiesen hat, der folgendes Musteralphabet der Capitalis quadrata enthält (Abb. 24):

Für denjenigen, der sich in die französische Terminologie der Paläographie einarbeiten möchte, sind der «Petit glossaire latin-français des termes techniques» (p. 322–328) und der «Lexique sommaire des termes techniques» (p. 329–336) hilfreich.

Thompson, *An introduction to Greek and Latin Palaeography*, erstmals 1892 erschienen, ist, was den lateinischen Teil betrifft, in allem überholt.

V

Kleine Geschichte der lateinischen Sprache I. Vom Lapis niger (um 500 v. Chr.) bis zu Caesarius von Arles († 542 n. Chr.)

> *... quoniam ipsa latinitas regionibus quotidie mutetur et tempore*, Hieronymus, *In epist. ad Galatas* II,3, Migne PL 26, 1845, col. 357.

Ein Reiz des Lateinischen als Literatursprache liegt in dem ungewöhnlich langen Zeitraum, den es umfaßt. Man kann von 2000 Jahren lateinischer Literatur sprechen: von Plautus und Terenz zu Barclays lateinischen Romanen und den Jesuitendramen des Barock. Es ist schwer, diese zwei Jahrtausende *Literatur* zu überschauen, fast unmöglich, die *Geschichte der Sprache* im selben Zeitraum zu überblicken.

Latein ist eine «indogermanische» Sprache. Das Adjektiv «indogermanisch» ist zu verstehen als Klammerform der ausführlichen Bezeichnung indo-[irano-armeno-graeco-slavo-balto-romano-celto-] germanisch. Diese große Sprachfamilie hat 'Leitwörter' gemeinsam. Zum Beispiel *bha(u)gos «die Buche». Alle Bezeichnungen dieses Baums in den indogermanischen Sprachen, auch lat. *fagus*, gehen auf dieses erschlossene (deshalb mit Asterisk* angesetzte) indogermanische Wort zurück. Die lateinische Sprache wird erst lange nach der Gründung Roms (753 v. Chr.) in einem schriftlichen Denkmal greifbar. Ein bekanntes frühes Zeugnis geschriebenen Lateins ist der Lapis niger, der 1899 auf dem Forum Romanum ausgegraben wurde:

Es ist bustrophēdon (gr.) geschrieben, das heißt, die Schriftrichtung geht hin und her, so wie der Ochse den Pflug zieht ⇆ («Furchenschrift»). Also <mit Ergänzungen>

QUOI HO(N)<CE LOQOM SCIENS
VIOLASID S>AKROS ES<ED>

→ «Qui hunc locum sciens violasset, sacris esset» → *Qui hunc locum sciens violaverit, sacer sit* «Wer diesen Ort wissentlich verletzt, der sei verflucht». Wir sind im Archaischen Latein. Es ist in Formen (QUOI statt *qui*, HONCE statt *hunc* usw.) und Syntax (VIOLASID statt *violaverit*) deutlich vom klassischen Latein verschieden und sofort als eine frühe Stufe erkennbar. Vielleicht wundert sich der Leser, daß SAKROS *sacer* als «verflucht» übersetzt wurde. Es ist ein wenig bekanntes, aber für die Altertümlichkeit des Lateinischen charakteristisches Kennzeichen des Lateinischen, daß nicht wenige Wörter in ihm zugleich das eine und das andere bedeuten können, etwas und das Gegenteil davon[1]:

altus — hoch × tief
benedicere — segnen × fluchen («Abschied geben», cf. Iob 1,5 und 11)
cedere — kommen × gehen
clarus — berühmt × berüchtigt
conclamare — bejubeln × betrauern
conspiratio — Einklang (der Guten) × Verschwörung (der Bösen)
consultor — der Berater × der Ratsuchende
decoquere — gar kochen × erfrieren lassen (Augustinus, Serm. 220,1, Migne PL 39, 1841, col. 2152: *pruina decoxit*)
devotus — gottergeben × verflucht
elevare — emporheben × herabsetzen *(alicuius auctoritatem)*
exsors — bedürftig (*exsors rerum bonarum*) × auserlesen (*exsors rerum malarum*)
extremus — *perfectus* × *crudelissimus*, *miserrimus*
facinus — Verbrechen × Großtat
fama — der gute Ruf × üble Nachrede, böser Leumund (cf. *diffamare*)

[1] Ideenreich C. Abel, *Über den Gegensinn der Urworte*, Leipzig 1884.

fides	(jurist.) *bona fides* guter Glaube × *mala fides* Bewußtsein der Unrechtmäßigkeit
fortuna	*secunda (prospera, beata, florentissima)* × *iniqua (adversa, mala)*
frons	Schamgefühl × Schamlosigkeit
gloriosus	ruhmreich × ruhmredig
hospes	Gast × Wirt
illustris	berühmt × berüchtigt
immeritus	schuldlos × wer das Böse verdient
imprecatio	Herabflehen des Segens × Verwünschung
investigabilis	erforschbar × unerforschlich
laevus	ungünstig × günstig
meritum	Verdienst × Schuld
modicus	mäßig × ziemlich groß
mos	Sitte × Unsitte
notus	berühmt × berüchtigt
praeclarus	berühmt × berüchtigt
proximus	der nächste *(posterus)* × der letzte *(hesternus)*
religare	festbinden × losbinden
renuntiare	ansagen × absagen
sacer	heilig × verflucht
sanus	*bene sanus* × *male sanus*
suspicere	argwöhnen × verehren
tollere[2]	hochheben × wegnehmen
urere	brennen (von der Hitze) × versengen (vom Frost)
valetudo	Stärke × Schwäche, Krankheit
verecundia	Scham × Schande

Dante ist an dieser archaischen Doppeldeutigkeit des Lateinischen gescheitert, als er im *Purgatorio* seiner *Divina commedia* (XXII,40sq.) den Halbvers Vergils *Auri sacra fames* (*Aen.* III,57) übersetzte «o sacra fame/

---

[2] Mit der Doppeldeutigkeit des Wortes spielt das bei Sueton überlieferte Spottepigramm: (*Nero* 39) *Quis neget Aeneae magna de stirpe Neronem? / Sustulit hic matrem, sustulit ille patrem* «Wer will leugnen, daß Nero aus dem großen Geschlecht des Aeneas stammt?/ Letzterer hob seinen Vater hoch, der erste hob seine Mutter hinweg».

De l'oro», «o heiliger Hunger nach Gold» anstelle von «verfluchter Hunger nach Gold».

Von Anfang an ist im Lateinischen Knappheit des Ausdrucks angelegt. Alte lateinische Wörter aus dem zentralen Vokabular sind kurz, gern einsilbig; z. B. aus dem militärisch-politischen Bereich *aes, fas, ius, lex, Mars, vis* oder aus dem Naturbereich *bos, flos, frux, lac, lux, sus*, das universale Wort *ars* oder das römische Wort, das man fast für alles brauchen kann: *res*. Auch die Fügung der Wörter ist auf Knappheit bedacht[3]: «Gewisse Wörtchen, die den modernen Sprachen in jedem Satz unentbehrlich scheinen, die uns gewissermaßen der Mörtel zwischen den einzelnen Steinen dünken, aus denen wir einen Satz aufbauen, waren überhaupt nicht vorhanden oder konnten wenigstens fehlen. So wußten die alten Italer nichts von bestimmtem und unbestimmtem Artikel. Die Präpositionen waren ... eingeschränkt durch die ... reiche Fülle des Kasussystems: Wendungen wie 'in dem Hause', 'aus dem Hause', 'durch die Waffen' ließen [und lassen] sich ... durch ein Wort wiedergeben ... Ganz gewöhnlich fehlt dem Verbum die Bezeichnung der Person durch ein besonderes Pronomen ... Noch mehr Knappheit hat das Verbum der italischen Urzeit und so auch das lateinische vor unserm deutschen dadurch voraus, daß auch die Modi ... nicht mit Hilfe so weitläufiger Umschreibungen 'könnte', 'möchte', 'würde', sondern nach altindogermanischer Art durch eine einheitliche Form ausgedrückt werden. So kann man, wenn man das aufgreifen will, die Struktur des ältesten Italischen als zyklopisch bezeichnen.» Daß diese Struktur in dem historischen Latein noch vielfach fortdauert, «um sich das zu vergegenwärtigen, braucht man sich nur an römische Dicta erinnern wie *Fortes fortuna adiuvat, factum non fabula, oderint dum metuant* ...»

Noch ein altertümliches Element des Lateinischen sei erwähnt. Es gibt nahezu keine zwingende Wortstellungsregeln im Lateinischen (allerdings: Negationen stehen stets vor dem zugehörigen Wort; ebenso *in der Regel* die Präpositionen). «Cette langue est chaotique»[4]. Dieses Chaos kann auch Suggestion ausüben. Der Romanist Heinrich Laus-

---

[3] F. Skutsch, «Die lateinische Sprache», in P. Hinneberg (ed.), *Die Kultur der Gegenwart* I,8: Die griechische und lateinische Literatur und Sprache, Leipzig/Berlin [3]1912, p. 523–565, hier p. 526.

[4] J. Marouzeau, *Introduction au latin*, Paris 1943, p. 88.

berg hat in den 60er Jahren eine Biographie *Ernst Robert Curtius* geschrieben, die erst nach Lausbergs Tod erschienen ist. In ihr erzählt er von einer «poetischen Vision», die Curtius erlebte bei den lateinischen Worten[5]:

Mille meae Siculis errant in montibus agnae.

Es handelt sich um einen Hexameter aus den Hirtengedichten Vergils (*Ecl.* II,21). «Tausend Lämmer mein eigen schweifen auf Hügeln Siziliens» (T. Haecker) bzw. «Tausend weiden für mich am Hang sizilischer Berge» (R. A. Schröder). Was die poetische Vision auslöste und worin sie bestand, wird vom Biographen nicht mitgeteilt. Der Vers war für den späteren Romanisten Curtius jedenfalls ein Schlüsselerlebnis. Auffällig ist die Wortstellung: Das Prädikat *errant* steht in der Mitte; das Subjekt kommt erst als letztes Wort. Aber die Attribute *mille* und *meae* setzen uns schon vom ersten Wort an auf die Spur des Subjekts; der Blick schweift gewissermaßen über die sizilischen Berge. Das doppelte Hyperbaton

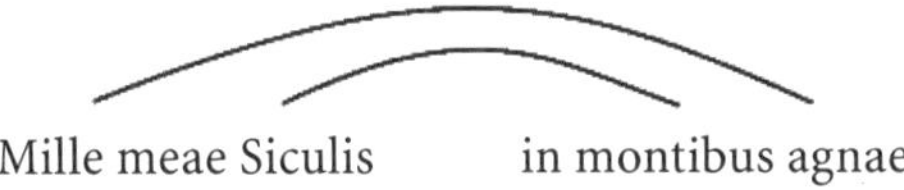

suggeriert diese Bewegung, und schließlich ist mit dem letzten Wort des Verses erfaßt, was da tausendfach auf den Bergen wimmelt: *agnae*. Schade, daß man Curtius nicht mehr fragen kann, ob es das war, was ihn, den Neusprachler, an diesem Vers so faszinierte: die Adäquanz von Wort und Sache, die archaische Welt des über eine riesige Herde gebietenden Menschen, umrissen in archaisch frei gestellten und doch kunstvoll plazierten, lautmalerisch mit dem Nasal m und dem Blöken der Schafe (*meae*) spielenden Worten.

Ein bei aller Freiheit recht konsequent beachtetes Gesetz der lateinischen Wortstellung läßt sich auch an diesem Vers ablesen: Die betonte Stelle ist das Schlußwort. Es gibt noch eine betonte Stelle des Satzes, nämlich am Anfang. Von guten lateinischen Stilisten wird sie gezielt besetzt: *Gallia* est omnis divisa in partes *tres* (Caesar, *De bello Gallico* I,1).

---

[5] H. Lausberg, *Ernst Robert Curtius*, Stuttgart 1993, p. 24.

Nicht nur die Ausdrucksweise war knapp im älteren Latein, sondern der Wortvorrat überhaupt. Über die *patrii sermonis egestas* klagte Lukrez (I,832), und viele haben dem Bedauern in ähnlichen Worten Ausdruck gegeben, daß das Latein über relativ wenige Wörter bzw. voneinander unabhängige Wortstämme verfügt. Das ist trotz aller Erweiterungsbestrebungen immer so geblieben.

Die lateinische Sprache war ein halbes Jahrtausend lang nicht viel mehr als eine Bauern- und Soldatensprache. So lang nämlich dauert es, bis die Römer eine eigene Literatur bekommen. Ein *Übersetzer* steht wie so oft am Anfang einer nationalen Literaturgeschichte. Livius Andronicus aus Tarent, ein kriegsgefangener Grieche aus der Magna Graecia Unteritaliens, übersetzte Homers Odyssee und griechische Dramen. Das hat man in Erinnerung behalten:

Graecia capta ferum victorem cepit et artis
Intulit agresti Latio …

«Das gefangene Griechenland nahm den wilden Sieger gefangen und brachte Künste / in das ländliche Latium» (Horaz, *Epist.* II,1,156sq.). *Manserunt hodieque manent vestigia ruris* (ib., v. 160). Am Lateinischen haftet «ein Dorfgeruch …, der sich sobald nicht ganz verlieren wird» (so der Horaz-Übersetzer Christoph Martin Wieland). Plautus schrieb um 200 v. Chr. seine Komödien; ihm folgte Terenz. Wer ciceronianisches Latein gelernt hat, versteht deren Sprache schon ohne weiteres. Die Fülle der Vokale und Diphthonge des archaischen Lateins ist in dieser Phase der Sprachgeschichte reduziert: «Die Diphthonge werden zu einfachen Vokalen [QUOI > qui], ai wenigstens zu ae, nur au bleibt erhalten; die kurzen Vokale im Wortinneren werden alle zu i oder e *(cado – concido; rego – erigo; cantus – concentus)*. Und so viel vokalischen Vollton auch das Latein noch nach dieser Schmälerung besitzt …, so berührt doch bisweilen ein gewisser spitzer und dünner Klang … das Ohr minder angenehm»[6].

Es gibt wenige Sprachen, die für den schriftlichen Gebrauch so stilisiert worden sind wie das Lateinische. Von Anfang an besteht ein Unterschied zwischen geschriebenem und gesprochenem Latein, und dieser Unterschied wird auf dem Weg zur Literatursprache ausgebaut.

---

[6] Skutsch, in *Die Kultur der Gegenwart* I,8, [3]1912, p. 533.

Plautus schreibt noch näher an der römischen Alltagssprache als der ihm folgende Terenz (aktiv 166–159 v. Chr.). Wie diese Umformung der archaischen Bauern-, Militär- und Gesetzessprache zu einer Kunst- und Dichtersprache erfolgte, das muß man im einzelnen im klassisch-philologischen Bereich erfragen. Wichtig ist für den Gesamtzusammenhang der steile Anstieg, die rasche Anhebung des Niveaus. Ennius, der um 200 v. Chr. noch in der sog. *archaischen Periode* schreibt, war wahrscheinlich stolz auf seine Kombination einer den Griechen abgeschauten Technik der Lautmalerei (Onomatopoïe) und archaisch-italischer Alliterationstechnik und fabrizierte folgenden Hexameter zur Schilderung der Kriegsdrommete:

at tuba terribili sonitu tarantara dixit.

Das Kunststück der Tmesis (Wortspaltung) führte Ennius so ins Lateinische ein

saxo cere – comminuit – brum

«Zerbrach mit dem Stein das Gehirn ihm». Das war alles naiv und wenige Generationen danach – spätestens mit Vergil – nur noch lächerlich.

Besonders gut ist die Entwicklung des lateinischen Historikerstils von 100 v. Chr. bis 100 n. Chr. zu beobachten: von Claudius Quadrigarius über Livius zu Tacitus. Ein Text des Claudius Quadrigarius (Zweikampf zwischen einem Gallier und einem Römer auf einer Anio-Brücke) ist umstilisiert von Livius wiedergegeben worden, so daß sich hier eine fast einzigartige Möglichkeit zu vergleichender Stilforschung ergibt, die sich die Latinistik nicht hat entgehen lassen[7]. Bei diesem Beispiel stünde Claudius Quadrigarius am Übergang von der Archaischen zur Goldenen Latinität, Livius in der Goldenen, Tacitus in der Silbernen. Die *Goldene Latinität* kennt man aus dem Lateinunterricht: Cicero, Vergil und natürlich Caesar, der gesagt hat, ein neues und unerhörtes Wort müsse man wie eine Klippe meiden[8].

---

[7] Marouzeau, *Introduction au latin*, 1943, p. 137sqq.; M. v. Albrecht, *Meister römischer Prosa*, Heidelberg [2]1983, p. 110sqq., hier p. 126: «Den kontrastreichen, aber flächenhaften Erzählstil des Claudius Quadrigarius überbietet Livius durch die Raumwirkung einer mit sorgfältigen Abstufungen und brückenschlagenden Reprisen arbeitenden Architektonik».

[8] A. Klotz (ed.), *G. Iuli Caesaris commentarii* t. 3, Leipzig 1927, p. 178: *tamquam scopulum sic fugias inauditum atque insolens verbum!*

Repräsentant der *Silbernen Latinität* ist der pointenreiche Schulautor Seneca; seine Stileigentümlichkeit der *minutissimae sententiae* ist von Quintilian (*Institutiones* X,1,130) bemerkt worden. Auch der Stil Lucans, eines hervorragenden poetischen Vertreters der silbernen Latinität, ist bei Quintilian glänzend charakterisiert: *Lucanus ardens et concitatus* («aufgeregt») *et sententiis clarissimus et … magis oratoribus quam poetis imitandus* (*Institutiones* X,1,90). Weniger bekannt ist der *Archaisierende Stil* des II. nachchristlichen Jahrhunderts, der vor allem durch Schriftsteller des römischen Nordafrika vertreten wird («afrikanisches Latein»), z. B. durch den Romanautor und Philosophen Apuleius[9].

Es folgt das dunkle III. Jahrhundert n. Chr. In diesem Jahrhundert, von dessen lateinischer Kultur wir relativ wenig wissen, haben sich gewaltige Wandlungen in lateinischer Schrift, Sprache[10] und Literatur vollzogen. Das revolutionierende Sprach- und Literaturereignis ist die lateinische Bibel. Die christliche Kirche im römischen Reich des III. Jahrhunderts ist eine Kirche der Martyrer. Es gibt verschiedene Arten des Martyriums, das blutige und das unblutige. Ein Martyrium besonderer Art wartete freilich auf jeden potentiellen Christen, der seine lateinische Sprache und ihre Ausdrucksformen liebte. Da hatten diese Christen heilige Bücher, die nicht von lateinischen Autoren stammen; alle waren sie aus dem Griechischen übersetzt. Das Griechische der Bibel ist aber wieder in erheblichen Teilen nicht die Originalsprache, sondern das Hebräische, die Sprache eines im römischen Reich wenig geschätzten Völkchens.

Unter den Übersetzern der frühen lateinischen Bibel, der *Vetus latina*, war kein Sprachkünstler. Was das Übersetzungsprodukt noch merkwürdiger ausfallen ließ, war die Wörtlichkeit, die sich die frühen Bibelübersetzer auferlegten. Sie glaubten ja, daß Gott selbst, und nicht ein Gott unter vielen, sondern *der* einzige christliche Gott ihm das Rohr oder den Federkiel führte. So kommt es, daß die Christen in

---

[9] «Als das letzte Kapitel der lateinischen Literatur vor dem spätantiken und christlichen Latein» skizziert bei P. Poccetti / D. Poli / C. Santini, *Eine Geschichte der lateinischen Sprache*, Tübingen/Basel 2005, p. 356–358.

[10] Eindrucksvoll dargestellt von D. Norberg am Anfang seiner «Brève histoire du latin médiéval», *Manuel pratique de latin médiéval*, Paris 1968, p. 13–92.

Moses einen Heiligen mit Hörnern bekamen. (Michelangelos Moses in S. Pietro in Vincoli in Rom trägt zwei deutlich ausgeprägte Hörner an der Stirn.) Man schlage Ex 34,29 der *Vulgata* auf. Dort steht es auch in der modernsten Ausgabe noch:

> *cumque descenderet Moses de monte Sinai tenebat duas tabulas testimonii et ignorabat, quod cornuta esset facies sua ex consortio sermonis dei.*

Es handelt sich um einen Übersetzungsfehler. In der hebräischen Bibel steht «er wußte nicht, daß die Haut seines Angesichts *strahlte*». In der griechischen Bibel (des Übersetzers Aquila) sind aus den Strahlen schon Hörner geworden, und Hieronymus hat sie in der lateinischen Bibel verewigt. Jede Wendung des Gotteswortes mußte religiös nachvollzogen werden. Wer durfte es wagen, Gott das Wort im Mund umzudrehen? *Verborum ordo mysterium est*, selbst «die Wortstellung enthält ein Geheimnis», davon ist noch Hieronymus (*Epist.* 57,5,2), der Bibelrevisor und Schöpfer der Vulgata um 400, überzeugt.

Wir wissen aus vielen Zeugnissen der Kirchenväterzeit, was für einen Schock die Bibel für den lateinischen Gebildeten in sprachlicher und stilistischer Hinsicht bedeutete. Am besten hat das wieder Hieronymus (*Epist.* 22,30) in Worte gefaßt. «Als ich vor sehr vielen Jahren dem Haus, den Eltern, der Schwester, den Verwandten um des Himmelreiches willen entsagte und – was schwieriger ist als all das – auch den üppigeren Speisen, und nach Jerusalem zog, um dort [Gott] zu dienen, da konnte ich die Bibliothek, die ich mir in Rom mit sehr viel Eifer und Mühe erworben hatte, nicht entbehren. Also fastete ich Elender – um dann Tullius [Cicero] zu lesen. Nach häufigen Nachtwachen, nach Tränen, die mir die Erinnerung an die früheren Sünden aus dem tiefsten Herzen trieben, wurde Plautus in die Hand genommen. Wenn ich dann in mich ging und einen Propheten zu lesen begann, dann schauderte mir vor der ungepflegten Sprache. Daß ich Blinder das Licht nicht sah, das war nach meiner Meinung nicht die Schuld meiner Augen, sondern die der Sonne. Als so die Alte Schlange ihr Spiel mit mir trieb, befiel meinen erschöpften Leib etwa in der Mitte der Fastenzeit ein tief im Inneren steckendes Fieber, ließ mir keine Ruhe und zehrte so an meinen Gliedern, daß ich – so unglaublich das klingt – nur noch Haut und Knochen war.

Schon wurde die Beerdigung vorbereitet. Der Leib erkaltete bereits. Es zuckte ein warmer Lebenshauch nur noch in der lauen Brust, als ich plötzlich im Geist entrückt vor das Tribunal des [himmlischen] Richters gezogen wurde, wo so viel Licht herrschte und so viel Glanz von der Helligkeit der Umstehenden ausging, daß ich mich zu Boden warf und nicht aufzusehen wagte. Ich wurde nach meinem Stand gefragt und sagte, ich sei ein Christ. ‹Du lügst›, sagte der, der den Vorsitz hatte, ‹ein Ciceronianer bist du, kein Christ *(Ciceronianus es, non Christianus)*; [denn] wo dein Schatz ist, da ist dein Herz›. Ich verstummte auf der Stelle, und unter Geißelhieben – denn er hatte geboten, daß ich geschlagen werden sollte – erlitt ich noch mehr Pein durch den Brand meines Gewissens. Ich erwog in mir den Vers: ‹Im Totenreich aber, wer wird da dich preisen› (Ps 6,6)? Dann begann ich zu rufen und sagte jammernd: ‹Erbarme dich meiner, Herr, erbarme dich meiner› (Ps 56,2)! So rief ich unter den Geißelhieben. Schließlich warfen sich die Umstehenden dem Vorsitzenden zu Füßen und baten, er möge [meiner] Jugend Verzeihung gewähren, [meinem] Irrtum Gelegenheit zur Buße geben und die Marter *(cruciatus)* dann vollziehen, wenn ich wieder einmal Bücher heidnischer Art lese. Ich war in meiner Zwangslage bereit, noch mehr zu versprechen, begann, hohe Eide zu leisten, und beschwor seinen Namen so: ‹Herr, wenn ich künftig Codices mit weltlichem Inhalt besitzen und lesen sollte, dann habe ich dich verleugnet›. Bei den Worten dieses Schwurs wurde ich entlassen, kehrte zu den Bewohnern dieser Welt *(superi)* zurück und öffnete unter dem Staunen aller so tränenüberströmt meine Augen, daß der Schmerz [, der aus ihnen sprach] auch die Ungläubigen zum Glauben brachte. Denn das war nicht [bloß] Schlaf oder eitler Traum, durch die wir oft genarrt werden. Zeuge dafür sind das Tribunal, vor dem ich lag, und das Urteil, das ich fürchtete – möge es mir niemals geschehen, daß ich in solch ein Verhör komme – [und] daß ich blau unterlaufene Schultern hatte, die Schläge nach dem Traum [noch] spürte und mit so viel Eifer das Gotteswort las, wie ich nie zuvor Menschenworte gelesen hatte.»

Sermo horrebat incultus «mir schauderte vor der ungepflegten Sprache» – mit dieser Erfahrung hatte auch der junge Augustinus zu kämpfen (*Confessiones* III,5). Die Vorstellungen der Lateiner von gepflegter Sprache wurden später durch die lateinische Bibel nicht mehr ganz so brüskiert, als Hieronymus († 419/20) sich der Bibel annahm und aus der *Vetus latina* durch Verbesserung die *Vulgata* formte[11]. Hieronymus gab sich redlich Mühe, die Bibel auf ein höheres sprachliches Niveau zu bringen. Freilich waren dem Grenzen gesetzt. Syntaktisch ist die Bibel ein einförmiges Meer: «und ... und ... und ... und dann ... und dann ... und dann». Von den 39 813 'Versen' der Vulgata sind nur 10 768 ohne *et*, oder anders gesagt 55 160 mal kommt *et* in der lateinischen Bibel vor; im Extremfall 20 mal in einem Bibelvers (I Mcc 15,23)[12]. Hier versuchte Hieronymus gelegentlich, die Beiordnung (Parataxe) in Unterordnung umzusetzen (Hypotaxe) und zwischen den Hauptsätzen Verbindungen herzustellen. Man vergleiche Gn 41,14 in der das Hebräische imitierenden Übersetzung von Martin Buber:

> «Pharao sandte
> und ließ Josef rufen.
> Schleunig holten sie ihn aus dem Loch,
> er schor sich ...»

mit dem Vulgatatext *protinus ad regis imperium eductum de carcere Ioseph totonderunt.* Aus vier Hauptsätze macht Hieronymus, ohne die Erzählung zu stören, einen einzigen, und er braucht kein einziges *et.*

Hieronymus mildert die Eintönigkeit des Ausdrucks (I Sm 16, 8–12; *qui dixit ... de quo ait ... et ait ... dixitque ... respondit*). Er führt ein vornehmeres Vokabular in die Bibel ein: er schreibt *carmen* statt *hymnus*, *eruere* statt *eripere*, *universa* statt *omnia*, *comedere* statt *manducare.* Ungewohntes paßt er den römischen Vorstellungen an. Im alten Israel seiner Übersetzung gibt es Triumphbogen, Legionen (II Sm 15,18 *et legiones Cerethi et Felethi*), Trieren ... Ja sogar die heidnische Mythologie verschmähte der christliche Cicero nicht, um dem lateinischen, gebildeten Leser eine Vorstellung vom Gesagten zu geben: Faune, Adonis, Merkur. Der Prophet Jonas ruht im Gram nicht mehr unter der Kürbisstaude wie in der alten Übersetzung, sondern bei Hieronymus unter bukolischem Efeu (Ion 4,6). Freilich zeigt gerade diese Retusche, daß es Grenzen der Revision gab. Gotteswort mußte Gotteswort bleiben. In einer nordafrikanischen Gemeinde kam es, als der Bischof das

---

[11] Immer noch empfehlenswert F. STUMMER, *Einführung in die lateinische Bibel*, Paderborn 1928.

[12] Zahlen von Dr. Martin HELLMANN.

Buch Jonas in der Übersetzung des Hieronymus vorlesen ließ, bei Ion 4,6 zum Tumult, als da von einer *hedera* statt *cucurbita* die Rede war. Der Bischof – Augustinus – sah sich gezwungen, um des Friedens willen der Schriftlesung wieder den herkömmlichen Text zugrundezulegen; Jonas lag wieder unter der Kürbisstaude[13].

Die lateinische Bibel war aber noch nicht das Schlimmste. Macaulay schreibt[14]: «It is curious to consider how those great masters of the Latin tongue who used to sup with Maecenas and Pollio would have been perplexed by *Tibi Cherubim et Seraphim incessabili voce proclamant, Sanctus, Sanctus, Sanctus Dominus Deus Sabaoth*». Der englische Historiker zitiert aus dem *Te deum*, einem frühen liturgischen Gesang, der in jedem lateinischen Brevier oder Graduale zu finden ist. Er hatte mit seiner Bemerkung aber wohl die *Passio S. Acacii*[15] im Sinn, die sozusagen erfreulichste Martyrerakte der abendländischen Kirche. In dieser Passio ist die perplexe Reaktion des Römers auf das orientalische Christenlatein und seine unverständlichen Hebraismen geschildert. Der Richter Marcianus fragt im Verhör den Christen Acacius nach dem Namen seines Gottes. Acacius antwortet *Deus Abraham et deus Isaac et deus Iacob*. Marcianus versteht schon grammatisch nicht die (genetivische) Zuordnung der hebräischen Namen (die im Lateinischen in der Regel als Indeclinabilia gebraucht werden) und erkundigt sich, ob das drei Götter wären. Der Christ Acacius belehrt ihn, daß Gott zu diesen drei gesprochen habe. Wer nun Gott selbst sei, insistiert der Richter, und Acacius antwortet *Altissimus Adonai sedens super Cherubim et Seraphim*. Die Hebraismen dieser neuen Rede bringen den Altrömer in Verlegenheit; er versteht das nicht, und das wird nicht besser, wenn der Angeklagte geläufige lateinische Wörter gebraucht: «Wer ist der Sohn Gottes?», fragt der Richter, und Acacius antwortet *Verbum veritatis et gratiae* «Wort der Wahrheit und der Gnade». «Heißt er so?», fragt der Richter ... Die Akten wurden dem Kaiser Decius übersandt, der sie las, «sich über die Antworten eines so denkwürdigen Streitgesprächs wunderte und lachte» und Acacius auf

---

13 Augustinus, *Epist.* 71; Antwort des Hieronymus, *Epist.* 112.

14 T. B. Macaulay, *The History of England* t. 5, Leipzig 1855, p. 141.

15 Passio S. Acacii, edd. G. Krüger / G. Ruhbach, *Ausgewählte Märtyrerakten*, Tübingen [4]1965, p. 57–60.

freien Fuß setzen ließ. Die Passio illustriert die Umbruchsituation der lateinischen Sprache im dunklen III. Jahrhundert.

Die lateinische Bibel ist die Spitze eines Eisbergs neuer Sprachelemente und neuen Sprachgebrauchs unter den sich rasch ausbreitenden lateinischen Christen. An den Martyrerakten des III. und frühen IV. Jahrhunderts läßt sich ablesen, wie die christliche Verkündigung gebräuchliche Wörter mit neuem Sinn erfüllt, hintergründig und unfest gemacht hat. Diese Tendenz setzt sich in Spätantike und Mittelalter fort. Das Christliche schafft sich Raum durch semantische Verschiebungen:

adulterium	Ehebruch	→ Unzucht
commeatus	Urlaub	→ Verlängerung des Lebens
fides	Vertrauen	→ Glaube
fons	Quelle	→ Taufbecken (engl. font; niederdt. die Fünte)
gentes	Völker	→ Heiden
gratia	Dank	→ Gnade
mandatum	Auftrag	→ Gebot
natalicium	Geburtstag	→ Todestag!
oblata	die dargebrachten Dinge	→ (nach Genus- und Numeruswechsel) Oblate, Hostie
paganus	Landbewohner	→ Heide
passio[16]	Leiden	→ Leidenschaft
plebeius	Plebejer	→ Laie
rubus	Brombeerstrauch	→ Dornbusch (Ex 3,2)
sacramentum	Fahneneid	→ Glaubensgeheimnis
saeculum	Jahrhundert	→ Diesseits; diese Welt
transitus	Übergang	→ Tod
virgo	Jungfrau	→ keuscher Mann (z. B. Iohannes Ev.)

[16] Nicht bei Cicero, dort nur *perpessio*, cf. J. A. NAVARRETE, *De viris illustribus in Castella veteri societatem Jesu ingressis et in Italia exstinctis* t. 1, Bologna 1793, p. V: *apud Ciceronem perpessio, non passio invenitur. Num propterea Christiani non audebimus Christi passionem totidem literis et syllabis enuntiare? Per me quidem potius in Tiberim omnia Ciceronis opera projicantur, quam huius unius dictiunculae jactura fiat.* Cf. auch J. P. KREBS / J. H. SCHMALZ, *Antibarbarus der lateinischen Sprache* t. 2, Basel [7]1907, s.v. passio.

Gewaltig war der Zustrom an oberflächlich latinisierten griechischen Wörtern: *agape, anathema, angelus, antichristus, apocalypsis, eucharistia* «Danksagung» (Tertullian) → Messe, Abendmahl, *eucharisticon* «Danksagung» (Tertullian) → Dankgedicht[17] usw. «Ein griechisch-orientalischer Schimmer liegt auf diesem Latein»[18]. Griechische Wörter fanden im Christenlatein auch dort Eingang, wo die lateinische Sprache über ein schönes und passendes Wort verfügte. Das griechische *prophētēs* wäre ohne weiteres mit *vates* zu übersetzen gewesen, was «Seher, Sänger» in maskuliner und femininer Bedeutung umfaßt, also auch «die Seherin, Sibylle», eines der «substantiva communia», die wir heute so dringend gebrauchen könnten, wie *civis, comes, custos, dux, parens, sạcerdos*, die sowohl männlich wie weiblich benützt werden konnten. *Vates* war aber von Vorstellungen des alten, sog. heidnischen Glaubens schon so stark besetzt, daß man auf das Graecolatinum *propheta* auswich; die weibliche Form dazu lautet *prophetissa* (2 × in der Vulgata); statt *vaticinium* sagte man *prophetia*. Dazu kommen Hebraismen wie *gehenna* und *satanas* ...

Man versuchte auch Neuprägungen für wichtige Begriffe: *consubstantialis* «wesensgleich», *regeneratio* «Wiedergeburt», *trinitas* «Dreifaltigkeit» (Tertullian). Besondere Mühe machte gr. sōzein «erlösen». Es wurde zunächst übersetzt mit *sanare* und *liberare*. Tertullian experimentierte mit *salvum facere*, bis endlich bei Cyprian das sozusagen erlösende Wort erschien: *salvare* (dazu *salvator*). Augustinus hat diese Wortgeschichte umgedreht, als er (serm. 299) sagte: «*salvare* und *salvator* waren keine lateinischen Wörter, bevor der Salvator kam; als er zu den Lateinern kam, machte er auch sie zu lateinischen Wörtern.» Angesichts dieser gewaltigen Verschiebung im Lateinischen hat man in der «Nymweger Schule» von «altchristlicher Sondersprache» gesprochen[19]. Die «skandinavische Schule» hat sich gegen die Abgrenzung des Christenlatein als Sondersprache gewandt und subsumiert die Erschei-

---

[17] Cf. O. Weise, *Die griechischen Wörter im Latein*, Leipzig 1882; noch wertvoll ist N. DuMortier, *Etymologiae sacrae graeco-latinae*, Rom 1703.

[18] Traube, *Einleitung*, p. 45.

[19] J. Schrijnen, *Charakteristik des Altchristlichen Latein*, Nymwegen 1932; C. Mohrmann, *Die altchristliche Sondersprache in den Sermones des hl. Augustin*, Nymwegen 1932 (repr. mit Nachtrag Amsterdam 1965).

nung lieber unter den weiten Mantel des «Spätlateins»[20]. Jedenfalls hat das Latein im Mund und in der Feder der Christen tiefe Wandlungen durchgemacht.

Ein Überbleibsel aus Zeiten, zu denen sich das Christentum aus niederen Schichten rekrutierte, sind Wörter wie *eructare* und *manducare. Eructare* heißt eigentlich «rülpsen» und wurde für «begeistert reden» von den primitiven ältesten Übersetzern als erstes Wort in Ps 44 verwendet: *Eructavit cor meum verbum bonum* «Mein Herz wallt auf zu einem guten Wort». Aus dieser Position ist trotz aller Bemühungen christlicher Klassizisten das eher unappetitliche *eructare* nie mehr verdrängt worden.

Accipite et manducate ex hoc omnes, so steht es zentral in den Wandlungsworten des *Canon missae*, aber in dieser Formulierung nicht in der lateinischen Bibel (cf. I Cor 11,24). Für Josef Andreas Jungmann[21] ist dies ein Beleg für den chronologischen Primat der Liturgie vor der Bibel. Freilich war die Sprache der Christen in Rom lange Zeit das Griechische. Man wird sich diese lateinischen Wandlungsworte schwer vor 200 n. Chr. vorstellen können. Wie dem auch sei, die Worte sind sprachlich interessant als nur locker mit der Bibel in Verbindung stehende Jesusüberlieferung *in lateinischer Sprache*. Wilhelm Süß nennt das *manducate* in diesem Satz «jenes berüchtigte Schibboleth echt altbiblischer Texte, das nun vollends in seiner Anwendung auf das Abendmahl: *Accipite et manducate* allein schon Spott oder Übelkeit der kultivierten Welt herausfordern mußte»[22]. *Manducare* heißt eigentlich «kauen» mit einer deutlich vulgären Komponente «mampfen»; *manducus* ist «der Fresser». Für «essen» sollte eine kultische Opfergemeinschaft ein besseres Wort haben, *edere* und *comedere* vielleicht. Augustus hat beiläufig die «vox sermonis vulgaris»[23] in den Mund genommen (Sueton, *Divus Augustus* 76). Daß das Wort noch im IV. Jahrhundert n. Chr. anstößig war, läßt sich daraus ersehen, daß es Hieronymus da, wo er frei war, ausgemerzt hat. Die von

---

20 E. Löfstedt, *Late Latin*, Oslo 1959.

21 J. A. Jungmann, *Missarum sollemnia* t. 2, Wien/Freiburg i. Br. [5]1962, p. 244.

22 W. Süss, «Das Problem der lateinischen Bibelsprache», *Historische Vierteljahrschrift* 27, 1932, p. 1–39, hier p. 7.

23 Cf. ThLL s.v. *manducare*.

ihm bearbeitete *Genesis* der Vulgata hat 42mal *comedere* aber niemals *manducare*.

Die Kirchenväter sind nicht müde geworden, das Latein der Bibel zu verteidigen. *Non rhetores, sed piscatores* hätten eben den Glauben verkündet, und Gott werde sich schon etwas dabei gedacht haben, als er sein Wort in so niederer Gestalt hör- und lesbar werden ließ. Hieronymus glaubte, alle Schönheiten klassischer Poetik und Rhetorik irgendwie doch in der Bibel ausmachen zu können; Augustinus *(Locutiones in heptateuchum)* nahm zu Gottes Ratschluß seine Zuflucht. Gelegentlich aber läßt er, der in Mailand Rhetorik gelehrt hat, doch seinen Unwillen gegenüber solch einem Latein durchblicken: *Et erat Sarra sterilis et non generabat* «Und Sara war unfruchtbar und bekam kein Kind» (Gn 11, 30). Dazu lakonisch Augustinus: *cum posset sufficere: et erat Sarra sterilis* «wo es doch genügt hätte [zu schreiben]: und Sara war unfruchtbar»[24].

Die Kirchenväter haben den Stil der Bibel zu rechtfertigen versucht und versichert, selbst nach höchstem Beispiel Sermo humilis zu schreiben; sie haben sich aber gehütet, das wirklich zu tun. Die *Vita S. Martini* des Sulpicius Severus (sukzessive geschrieben 397–404) ist ein klassisches Beispiel für die Beteuerung christlicher Sprach-Humilitas einerseits, raffinierter Stilisierung auf höchstem für die Zeit vorstellbarem Niveau andererseits[25]. Der Klassizismus der Kirchenväterepoche hat also nach dem tiefen Einschnitt in die lateinische Sprachgeschichte, den die Bibel bedeutete, das Niveau des Lateinischen wieder gehoben. Alsbald erfolgte aber ein neuer Einbruch mit dem Beginn der byzantinisch-langobardischen Epoche Italiens und der tiefgreifenden Umgestaltung des von den Franken eroberten Galliens.

Das sei erläutert an einem Beispiel aus Gallien, weil Gallien die *terra rhetorum* war, die Zuflucht der lateinischen Literatur in dieser Spätzeit. Caesarius von Arles (502–542), einer der letzten intensiv predigenden Bischöfe der Spätantike, hat bald nach seinem Tod eine Vita erhalten. Sie ist von nicht weniger als fünf Autoren verfaßt worden: drei Bischöfen, einem Priester und einem Diakon. Dieses Kollektiv arbeitete in hierarchischer Gliederung. Die drei Bischöfe schrieben das

---

[24] *Locutiones in Heptateuchum* I,37, CSEL 28, 1894, p. 513.

[25] Cf. *Biographie und Epochenstil* t. 1, p. 195–211.

erste Buch, der Priester und Diakon das zweite. Aus dem Inhalt läßt sich schließen, daß auch die Themenbereiche aufgeteilt waren. In Buch I behandeln die Bischöfe als Schüler und Amtskollegen das Leben und die Taten des Caesarius in historischer Folge und aus kirchlich-politischer Perspektive. In Buch II erzählen die beiden nächsten Vertrauten des Verstorbenen aus der «Kammerdienerperspektive» das private Leben, den geistlichen Wandel und die Wunder des Heiligen.

Die Grenze von Antike und Mittelalter geht sozusagen mitten durch diese Vita. Die Bischöfe befleißigen sich noch eines in Maßen anspruchsvollen Stils. Die klerikalen Kammerdiener des Caesarius achten in dem von ihnen geschriebenen oder diktierten Teil nicht mehr auf derlei Rhetorica. Ihr barbarischer Stil zeigt, was für Ausdrucksmöglichkeiten der kompromißlos angewandte Sermo humilis eröffnete[26]:

> *Alias vero eunte me per plateam Francus quidam iam totus frigore quartanae febris incurvus aeque tremebundus ante me ambulabat. Et cum velociter ire disponerem ego, quo citaveram, post me coepit clamare: «Benedicte, si habes, da mihi de drapo sancti Caesarii; propter frigoras, quia multis valet, volo bibere». Ego, qui velociter properare volebam, quo coeperam, dixi: «Si me expectas, crastino do tibi, quod quaeris». Ille vero ait: «Ego hodie habeo diem et iam totus tremo; quando te expectare habeo?» Tunc ego non otiose mihi illum in platea totiens ante positum cogitans dixi ad eum: «Veni», inquio, «iuvenis; ego tibi dono, quod quaeris». Statim ambo redivimus; et cum in cella mea ingressi manus uterque lavassemus, protuli linteum, ex quo sanctum corpus dulcis domni tersum fuerat. Tuli ergo parvulam partem, ut darem ei; et ille Francus cum suo grandi furore ait ad me: «Tolle, homo: quid mentiris? Ego audivi, quod ille benedictus non linteum, sed pannos in usum habuerit, quod ego lavare volo et cum aqua bibere.» Tunc ego cum lacrimis dixi: «Bene dicis, verum audisti; sed hinc corpus ipsius sancti, quando transiit, detersum est.» Et ille: «Da, inquit, ergo si sanus sim.» Acceptum itaque statim in eadem hora a domino sanitatem sensit.*

---

26 Cyprianus v. Toulon / Firminus v. Uzès etc., *Vita S. Caesarii* II,42, ed. G. MORIN, rec. M. J. DELAGE, *Vie de Césaire d'Arles*, Paris 2010, p. 298–300.

«Ein andermal, als ich über die Straße lief, ging vor mir ein Franke, der vor Schauern des Viertagefiebers schon ganz gekrümmt und voller Zittern war. Und als ich meine Schritte dahin lenkte, wohin ich gerade wollte, begann er, hinter mir her zu rufen: ‹Gesegneter, gib mir vom Tuch des heiligen Caesarius, wenn du hast; ich will [mir] wegen meinem Schüttelfrost [etwas zu] trinken [machen], weil er vielen hilft.› Ich wollte rasch, wie begonnen, weitereilen und sagte: ‹Wenn du auf mich wartest, gebe ich dir morgen, was du willst.› Er aber sagte: ‹Heute ist mein Fiebertag. Ich zittere schon ganz. Wann soll ich auf dich warten?›. Ich, nicht faul, bedachte, daß er sich mir auf der Straße so oft in den Weg stellte, und sagte zu ihm: ‹Komm›, sage ich, ‹junger Mann; ich gebe dir, was du willst›. Sogleich kehrten wir beide um, und als wir in meine Zelle eingetreten waren, wusch sich jeder die Hände, und ich holte ein Leinenstück hervor, mit dem der heilige Leichnam des lieben Herrn abgetrocknet worden war. Ich nahm also ein kleines Stück davon, um es ihm zu geben, und da sagte der Franke mit seiner großen Wut zu mir: ‹Mann, weg damit, mach mir nichts vor! Ich habe gehört, daß jener Selige nicht Leinen, sondern Lumpen trug. Das will ich waschen und mit dem Wasser trinken.› Da sprach ich unter Tränen: ‹Wohl gesprochen, richtig hast du gehört. Aber damit ist der Leib des Heiligen, als er verschied, abgetrocknet worden.› Und er sagt: ‹Her damit, wenn ich nur gesund werde.› Er nahm es und fühlte sogleich zur selben Stunde, [daß er] vom Herrn Gesundheit [erlangt hatte].»

Der Kleriker, der das schrieb, hat seine lateinische Bibel nicht umsonst viermal gelesen (wie es Caesarius von seinem Klerus verlangte). Er hat an ihr erzählen gelernt; daß man Sätze mit *Et* oder *Tunc* beginnt, ungeniert *ego* gebraucht, das Verbum mit einem anderen Wort moduliert (*ire disponerem, coepit clamare, properare volebam*)[27]. Es ist ein Latein, das durch kein intensives Grammatikstudium mehr gezügelt und entsprechend fehlerhaft (*frigoras* statt *frigora* lin. 5) und unklar ist. Aber es ist lebendig: ein neues Wort taucht auf *(drapus)*, und die Hauptsache ist großartig formuliert. Konnte der Schrecken, den jener (*ille* 5 ×) fürchterliche Kerl aus dem Norden dem über die Straße dahinhuschenden,

---

27 «Hypercharakterisierung der Verbalbegriffe», Hofmann / Szantyr, p. 796sq.

wehrlosen Ich (*ego* 8 ×) des mediterranen Klerikers einflößte, besser formuliert werden als in dem barbarischen *ille Francus cum suo grandi furore*?

Es gibt im Latein des VI. Jahrhunderts in Gallien keinen bestimmten Artikel, aber der Weg dahin wird bereitet durch den demonstrativen Charakter des Stils der Zeit. Starke Pronomina *(ego, ille)* rücken vor. Da wird ständig hierhin und dorthin gezeigt, gestikuliert, 'mit Händen und Füßen' erzählt. Neue Schichten von Lateinredenden treten in die Literatur ein, einfache Leute der Kirche, die sich in klassischen Zeiten kaum zu literarischer Tätigkeit berufen gefühlt hätten. Sie tragen ihre Lebenswelt in die Schöne Literatur: die faustdicke Wundergeschichte um den unheimlichen Franken. Die merowingische Realität erscheint in litteris. Das Niveau der lateinischen Literatursprache ist deutlich gesunken. Nur die lateinische Bibel und verwandte Texte sind noch Grundlage des literarischen Ausdrucks. Die Kontrolle durch das Grammatikstudium schwindet. Der Sermo humilis und rusticus, den viele Kirchenväter als den einzig dem Christentum angemessenen Sprachstil gepriesen (aber nicht unbedingt nachgeahmt) hatten, wird in der zweiten Hälfte des VI. Jahrhunderts nun wirklich literaturfähig. Wir sind in der Epoche des «Merowingerlateins».

VI

Kleine Geschichte der lateinischen Sprache II. Von Gregor von Tours († 594) bis zum Psalterium Pianum (1945)

Kurz vor und um 600 gibt es zwei bedeutende lateinische Schriftsteller, die beide Gregor heißen. Der bedeutendere ist Papst Gregor I., «der Große» (590–604), wie er seit dem IX. Jahrhundert heißt. Sein Werk signalisiert eine Zäsur in der lateinischen Literaturgeschichte. Gregor der Große hatte noch Zugang zu den wesentlichen Quellen römischer Bildung (z. B. Vergil) und hat sie genutzt. Aber er hat keinen einzigen nichtchristlichen Autor mehr zitiert bzw. namentlich genannt[1]. Er hatte noch die Fähigkeit, in verschiedenen Stilhöhen zu schreiben, im hohen, mittleren und niederen Stil, den die Rhetorik lehrte[2]; bekannt hat er sich allerdings nur zum niederen Stil in seinem Repertoire, zum *sermo humilis*, den er in seinen *Dialogi* praktiziert hat.

Sprachgeschichtlich interessanter ist Gregor von Tours († 594)[3]. Er kann nur noch *einen* lateinischen Stil schreiben, der mit «niederem Stil» euphemistisch bezeichnet ist. Nun sind die Barbarismen (fehlerhafte Verwendung von Wörtern und Wortformen, z. B. falsche Betonung, falsche Längen oder Kürzen) und Solözismen (falsche syntaktische Verwendung der Wörter, z. B. falscher Kasus nach einer Präposition)[4], von denen die Kirchenväter so viel gesprochen haben, wirklich da. Neue Deklinationselemente tauchen auf: In welche Deklination gehören *animabus, ecclesiabus, famulabus, filiabus, monachabus, villa-*

---

[1] H. Hagendahl, *Von Tertullian zu Cassiodor.* Die profane literarische Tradition in dem lateinischen christlichen Schrifttum, Göteborg 1983, p. 114.

[2] Cf. *Biographie und Epochenstil* t. 1, p. 308sqq.

[3] M. Bonnet, *Le latin de Grégoire de Tours*, Paris 1890.

[4] Definitionen nach Augustinus, *De doctrina christiana* II,13 (19), CC 32, 1962, p. 45.

bus? Die diesen Formen zugrundeliegenden Wörter heißen in der Ausgangsform ihrer I. Deklination *anima, ecclesia, famula, filia, monacha, villa*. Mit den genannten Dativ- und Ablativ-Plural-Formen hat sich eine gelegentlich im Lateinischen nachzuweisende Variationsmöglichkeit der I. Deklination vermehrt und beginnt zu wuchern. Sie war im Altlateinischen angelegt und hat sich partiell im klassischen Latein behauptet: *dis deabusque* sagt Cicero, obwohl der Dativ und Ablativ von *dea* regelrecht gebildet *deis* oder (monophthongiert) *dis* lautet. Die römische Religion war aber nicht so maskulin determiniert wie manche orientalische Kulte, so daß es wichtig war, für alle Fälle die Göttinnen neben den Göttern unmißverständlich zu nennen – auch im Dativ und Ablativ Plural; also nicht *dis et dis* oder *dis utriusque sexus*, sondern *dis deabusque*.

Diese Nische im I. Deklinationssystem des Lateinischen hat das Christenlatein kräftig ausgebaut; man begegnet der Erscheinung noch in der Gegenwart. In einem 1915 erstmals erschienenen Roman heißt es[5]: «In den Tagen, die kommen, will ich mit doppelter Inbrunst für die Seele Zygmunts beten zu dem Neugeborenen, der mich gewiß nicht verwerfen wird. Wenn der Priester sagt: *Gloria in excelsis Deo et pax in terra hominibus bonae voluntatis*, werde ich sagen: *Hostias et preces tibi Domine laudis offerimus. Tu suscipe pro* ***animabus****, quarum hodie memoriam facimus*. Und dann werde ich singen: *Osanna in excelsis*!» Wir bewundern den Herrn von Golubice-Golubicki, daß er (noch) lateinisch beten kann. Aber die Frage muß erlaubt sein, ob *Tu suscipe pro animabus* richtig ist. Die *animae*, für die der Herr von Golubice-Golubicki betet, müßten im Ablativ Plural *animis* heißen. So lehrt unsere Lateingrammatik. Anders das *Missale Romanum* (1956) in der Totenmesse *pro omnibus fidelibus defunctis*. (Secreta:) *Hostias, quaesumus, domine, quas tibi pro* ***animabus*** *famulorum famularumque tuarum offerimus, propitius intende* ... Es war für das christliche Latein wichtig, die *anima* eindeutig vom *animus* zu unterscheiden, und zwar besonders bei der Totenliturgie des römischen Ritus. Da mußte

[5] J. Levin, *Das Lächeln des Herrn von Golubice-Golubicki*, Frankfurt a. M. 1983, p. 110. Die beiden auf *Hostias et preces* folgenden Sätze stammen aus dem Offertorium der Allerseelen-Messe des Missale Romanum (2. XI.: In commemoratione omnium fidelium defunctorum).

eindeutig klar sein, daß die *anima* «die Seele» das nach christlicher Lehre Bleibende ist.

Im selben Bereich der Missae defunctorum ist *famulabus* zu finden. Die lateinische Totenliturgie nennt in diesem Moment den (Vor-) Namen des Verstorbenen. Daraus folgt, daß auch gesagt werden muß, ob für einen Mann oder eine Frau gebetet wird: *Deus, ... te supplices exoramus pro anima famuli tui N. (famulae tuae N.), quam hodie de hoc saeculo migrare iussisti.* Das ist ein wichtiger Unterschied. Als am 20.V.1188 ein junger Mönch im Zisterzienserkloster Schönau im Odenwald starb, der Abt Gottfried schon die Totengebete sprach und der Bruder Infirmarius den Leib des Novizen, den alle unter dem Namen Joseph kannten, wusch, da wurde eilends ein Mönch zum Abt in die Kirche gesandt mit der Botschaft, kein Mann, sondern eine Frau sei gestorben. Diese Botschaft war wichtig, nicht weil sie sensationell war, sondern rituelle Folgen hatte. Der Abt sollte nicht *pro anima famuli tui Joseph* beten, sondern *pro anima famulae tuae, cuius nomen adhuc nescimus* o.ä. Das ist der Anfang der Kultgeschichte der heiligen Hildegund von Schönau[6].

Vor diesem Hintergrund der *rituellen Genauigkeit*, einer bereits altrömischen religiösen Einstellung, ist es verständlich, daß die *famulae* bei den Messen für mehrere Verstorbenen nie hinter den *famuli* verschwinden durften; also findet man die Form *famulabus* auch in der *Oratio pro his, qui in coemeterio requiescunt.* Auf dem Wege der Analogie werden ähnliche Formen gebildet. *Filiabus* und *monachabus* sind sinnvolle Neuerungen; man unterscheidet sie von *filiis* und *monachis.* Wucherungen des Deklinationssystems aber sind *villabus* und *ecclesiabus.* Hier wird offenbar nur noch die klangvolle Endung gesucht. Die Mode hat sich dann auch auf andere Deklinationen ausgebreitet.

Zwei weitere sprachliche Erscheinungen treten im VI.–VIII. Jahrhundert häufig auf: Nominativ Plural der ersten Deklination auf *-as* statt *-ae*: *reliquias* statt *reliquiae*, *vitas* statt *vitae.* Hier verfügen wir über ein Beispiel, das das Eindringen des Vulgärlateinischen in die Li-

---

[6] Engelhard v. Langheim, Vita (I) S. Hildegundis, NA 6, 1881, p. 516–521, hier p. 520. Die Vita der Hildegund v. Schönau wurde in kürzester Frist von fünf verschiedenen Autoren beschrieben, cf. *Biographie und Epochenstil* t. 4/2, p. 532sq.

teratursprache illustriert. Die Inschrift *bene quiescant reliquias*[7] präludiert zu den als Etiketten an Reliquien angebrachten Authentiken, auf denen zu lesen steht *Hic sunt reliquias …* Die berühmteste Junktur mit einem Nominativ dieser Art ist *Vitas patrum*. Dieser Buchtitel («Mönchväterleben») taucht in dieser *Nominativform* schon in der *Benedicti Regula* auf[8]. Der Herausgeber des Werks, Heribert Rosweyde, hat ihn zwar humanistisch verändert zu *Vitae patrum* (Antwerpen 1615, ²1628). Wenn es ihm darum ging, einem Bibliothekar klarzumachen, was er suchte, gebrauchte er die eingeführte vulgärlateinisch-mittelalterliche Form: «Est autem liber, quem desidero, qui *vulgo* Vitas-Patrum inscribitur …»[9]

Erstaunlich oft begegnet im VII., VIII. und z. T. sogar noch IX. Jahrhundert die **metaplastische Deklination** *-us*, *-onis* bei Namen, z. B. bei *Brictius, Erminus, Gallus, Lullus, Ninus, Solus, Vergilius*. Sogar geläufige lateinische Namen wie *Lupus, Marcus, Petrus, Ursus* sind *Luponis, Marconis, Petronis, Ursonis* flektiert worden. In Italien gibt es noch im XI. Jahrhundert *Mauronis* (Amalfi) und *Stephanonis* (Pisa). Das Gegenstück dazu ist die metaplastische Deklination *-a*, *-ane* in *Berta, Bertane*; *Suna – Sunane*; sie umfasst auch Männernamen auf – a: *Attila, Attilane*. Die Erscheinung hat zuerst bei den Romanisten Aufmerksamkeit gefunden[10].

Das Merowingerlatein hatte seinen Schwerpunkt im VII. Jahrhundert, dem *saeculum tenebricosum*, wie es die Magdeburger Centuriatoren genannt haben. Aus der Generalperspektive ist der spektakulärste Wandel in der Latinitas der sprachgeographische. Das für die lateinische Literatur des II.–VI. Jh. n. Chr. wichtige Nordafrika verschwindet von der Landkarte der lateinsprechenden und -schreibenden Zonen. Dafür beginnt um 650 eine lateinische Literatur in einem Land, das keine römische Legion gesehen hatte, solange es ein römisches Reich gab: Irland. Und auf der Nachbarinsel England hat der christ-

---

[7] CIL t. 5, 1872, nr. 5078 (aus Val di Non). Cf. M. Leumann, *Lateinische Laut- und Formenlehre*, München 1977, p. 420; V. Väänänen, *Introduction au latin vulgaire*, Paris ³1981, p. 108sq.

[8] *Benedicti Regula* 73,5.

[9] AB 83, 1965, p. 51.

[10] J. Jud, *Recherches sur la genèse et la diffusion des accusatifs en -ain et en -on*, Halle a. d. S. 1907.

liche Imperator Gregor d. Gr. nachhaltigeren Erfolg als seinerzeit der Feldherr Agricola. Die waffenlosen Soldaten des Papstes haben die Insel nicht nur bis zum Hadrianswall erobert, sondern von einem Ende zum anderen. Die Germanen, die seit einigen Generationen die Insel beherrschen, nehmen das Latein nicht nur widerstandslos an, sondern schreiben und sprechen es. Am Ende des Jahrhunderts setzt die lateinische Literatur in England ein und binnen einer Generation erreicht sie Weltrang mit Beda Venerabilis († 735).

Es gibt keine afrikanisch-lateinische Literatur mehr, dafür eine insular-lateinische. Die Latinitas hat sich ruckartig nach Norden verschoben. Die insularen Autoren haben sich ihr Latein nicht als Muttersprache angeeignet, sondern als sehr früh erlernte, für viele Lebenszusammenhänge zentrale erste Fremdsprache, besser «Vatersprache»[11]. Das Latein der neuen Autoren, die jenseits der alten Sprachgrenzen schreiben und zuhause auch anders sprechen als im Kloster und in der Kirche, ist *stärker* von lateinischer Grammatik geprägt als das Latein der romanischen Völker. Ein Romane konnte auf seine Lateingrammatik verzichten, Latein induktiv lernen und schreiben. Einem Kelten oder Germanen war das kaum möglich. Er brauchte Donat oder Priscian oder einen anderen Grammatiker, um seine Vatersprache Latein zu erwerben. So gibt es eine insulare 'grammatische Bewegung um 700', als Begleiterscheinung der Konsolidierung des Latein in keltischen und germanischen Ländern[12]. Sie präludiert zum nächsten tiefgehenden sprachlichen Einschnitt der lateinischen Sprachgeschichte, der karolingischen Renaissance.

Was nun geschieht, versucht die Graphik (oberer Teil) zu veranschaulichen. Durch intensives Studium des grammatischen Lateins und der Vorbilder wird das Niveau des Lateinischen wieder kräftig gehoben. In ihren besten Vertretern erreicht die karolingische Renaissance wieder die Stilhöhe der Kirchenväterzeit. Durch diese Anhebung des Niveaus aber entfernt sich das literarische Latein so weit von der gesprochenen Sprache, daß die Verbindung reißt. Die Anhebung des Niveaus ist u. a. dokumentiert durch eine Reihe von Verlautbarungen Karls des Großen.

---

[11] Der Begriff stammt von W. VON DEN STEINEN, *Notker der Dichter und seine geistige Welt* t. 1, Bern 1948, p. 34sqq.

[12] *Biographie und Epochenstil* t. 2, p. 294–296.

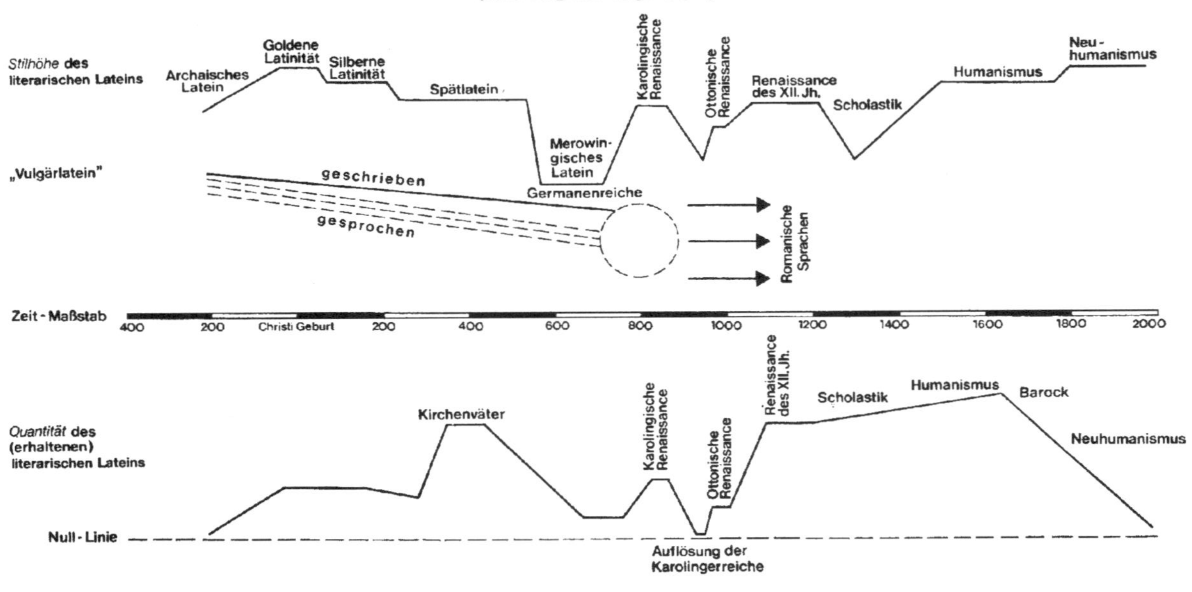
Diachronischer Schnitt der durchschnittlichen Stilhöhe des literarischen Lateins
(zum Vergleich Vulgärlatein)
Stilhöhe des literarischen Lateins
Archaisches Latein
Goldene Latinität
Silberne Latinität
Spätlatein
Merowingisches Latein
Karolingische Renaissance
Ottonische Renaissance
Renaissance des XII. Jh.
Scholastik
Humanismus
Neu-humanismus
„Vulgärlatein"
geschrieben
gesprochen
Germanenreiche
Romanische Sprachen
Zeit - Maßstab
400
200
Christi Geburt
200
400
600
800
1000
1200
1400
1600
1800
2000
Quantität des (erhaltenen) literarischen Lateins
Kirchenväter
Karolingische Renaissance
Ottonische Renaissance
Renaissance des XII. Jh.
Scholastik
Humanismus
Barock
Neuhumanismus
Null - Linie
Auflösung der Karolingerreiche
Diachronischer Schnitt der Quantität des literarischen Lateins (nur die erhaltene Produktion)
© W. Berschin 1986

Wenn diese trotz ihrer Bedeutung hier nur gestreift wird, dann hat das mit den am Anfang dieser Einführung genannten Prinzipien zu tun: Was ebensogut nachgelesen werden kann, soll hier nicht in extenso behandelt werden. Deshalb wird hier von den insgesamt fünf Kulturerlassen Karls des Großen nur die *Admonitio generalis* vom Jahr 789 genannt. Zwei Texte daraus lauten in Übersetzung[13]:

70 «Die Bischöfe sollen in ihren Pfarreien sorgfältig die Priester prüfen, ihren Glauben, ihre Taufen und Meßfeiern, daß sie den rechten Glauben haben und die katholische Taufe beachten und die Meßgebete wohl verstehen, und daß die Psalmen würdig nach den Unterteilungen der Verse gesungen werden, und daß sie das Vaterunser verstehen und predigen, daß es alle verstehen, damit jeder weiß, was er von Gott erbittet, und daß das ‹Ehre sei dem Vater› mit aller Ehrerbietung von allen gesungen werde, und der Priester selbst mit den heiligen Engeln und dem Volk Gottes gemeinsam ‹Heilig, heilig, heilig› singe …

72 Und daß Leseschulen für Knaben entstehen mögen. Psalmen, Kurzschrift, Gesänge, Computus, Grammatik und die katholischen Bücher verbessert sorgfältig in den einzelnen Klöstern oder Bischofssitzen; denn oft, wenn manche auch Gott gut bitten wollen, bitten sie doch schlecht aus unverbesserten Büchern. Und eure Knaben, laßt die nicht beim Lesen und Schreiben [den Text] verderben; vielmehr wenn es nötig ist, ein Evangelium, Psalterium und Meßbuch zu schreiben, sollen Erwachsene mit aller Sorgfalt schreiben.»

Wir sind in einer Epoche, die es mit dem Wort genau nimmt. Die Priester sollen die Meßgebete verstehen, den Psalmengesang sinnvoll durch Pausen gliedern, predigen. Damit das Werk dauerhaft bleibe, wird die heranwachsende Generation erzogen. Zur Erziehung gehört auch, daß keine Arbeiten an Kinder delegiert werden, für die die Erwachsenen zu bequem sind. Schreiben ist Erwachsenenarbeit.

Es geht aber nicht nur um elementare Dinge. Den Schulen wird das Schwierigste zugemutet, das man sich vorstellen kann. Sie sollen die Tironischen *notae* vermitteln, die antike Stenographie. Die Ideologie,

[13] A. Boretius (ed.), MGH Capitularia t. 1, 1883, nr. 22 p. 53–62, hier p. 59sq.

die alles absichert, ist nicht zimperlich: Karl und seine Berater glauben zu wissen, daß man aus unverbesserten, also fehlerhaften Büchern schlecht betet *(sed per inemendatos libros male rogant)*[14]. Der Gott der Karolinger ist einer, der gutes Latein hören will, und seine Evangelisten sind Schriftsteller, die auf Schreiberplätzen sitzen, die Cicero, Sallust, Terenz und Vergil Ehre machen würden; die karolingische Buchmalerei[15] kennt zahlreiche Evangelistenbilder dieser Art. Die Ausgangslage war nicht gut und am Anfang ist Karl und seinen Beratern ausgerechnet in einem der genannten Kulturerlasse ein Barbarismus wie *in sacris paginibus* (statt *sacris paginis*) unterlaufen. Aber durch das Studium der lange vernachlässigten Grammatikerschriften wird die sprachliche Norm wieder gefunden. Der Sammelband der Grammatici latini ist ein typisches Buch der karolingischen Schule geworden. 3/4 der gesamten römischen und frühmittelalterlichen Grammatikerliteratur ist in Handschriften aus dieser Epoche überliefert[16]. *Paginibus* wurde zu *paginis* korrigiert. Auch die anderen *-bus* Formen wurden auf ein vertretbares Maß zurückgeführt. Wenn der Fuldaer Schulmeister Rudolf († 865) ein *discipulabus* durchgehen ließ, dann zeigt er, daß er den Sinn der Variation erkannt hat; denn im Leben einer Frau (Lioba von Tauberbischofsheim) war es doch ein Zugewinn an Präzision, wenn man wußte, daß sie mit Schülerinnen und nicht mit Schülern aufgewachsen war.

Die knorrige Obliquusform *Gallonis, -i, -em* attackierte als erster Archivar von St. Gallen Waldo, ein Mann, der König Karl nahestand, von ihm die Abtei Reichenau bekam und später nach St. Denis versetzt wurde. Gozbert, der erste typisch karolingische Abt von St. Gallen (816–837) führte gleich nach Amtsantritt *Galli, -o, -um* ein; weit draußen in der Provinz wurde gelegentlich noch eine Urkunde geschrieben, in der *Gallonis, -i, -em* auftauchte[17]. Nicht alles ist der karolingischen

[14] Dieser karolingische Formalismus entspricht dem altrömischen paganen Ritualismus: Ein fehlerhaftes Wort, und das Gebet konnte gerade das Gegenteil vom Gemeinten bewirken, cf. J. Scheid, *An Introduction to Roman Religion*, Edinburgh 2003, p. 98.

[15] W. Köhler u. a., *Die karolingischen Miniaturen* t. 1–8, Berlin/Wiesb. 1930–2013.

[16] Bischoff, *Mittelalterliche Studien* t. 3, 1981, p. 219.

[17] W.B., «Gallus abbas vindicatus», *Mittellateinische Studien* <t. 1>, Heidelberg 2005, p. 39–56, hier p. 42sqq.

Correctio geglückt. Alkuin lehrt in seiner Grammatik[18], es sei dasselbe, ob man schreibe

amatus sum oder *fui*
amatus eram oder *fueram*
amatus sim oder *fuerim*
amatus essem oder *fuissem*
amatus ero oder *fuero*

Es wird also der Vergangenheitsgehalt des Partizip Perfekt Passiv nicht mehr berücksichtigt oder anders gesagt: Die Vergangenheit wird doppelt ausgedrückt[19]. Das bleibt so im Latein des Mittelalters. Die nicht ganz einfachen Regeln des Ablativ Sing. der III. (konsonantischen) Deklination hatten die Karolinger nicht so zur Verfügung wie wir. Daher der bis in die heutige Zeit bestehende Fehler bei den Junkturen *a priori*, *a posteriori*, *a potiori* usw. Da der Ablativ Singular der Komparative regelmäßig auf e endet, müßten diese in der Sprache der Logik unentbehrlichen Begriffe eigentlich heißen *a priore*, a *posteriore*, *a potiore* usw. Aber selbst wenn in der Karolingerzeit jemand die Regel erneuert hätte, von *a priori* führte kein Weg zurück; denn *a priore* war längst besetzt durch die Bedeutung «vom [Pater] Prior», also mußte «von vornherein» anders lauten, *a priori* bleiben und ist zum Stammvater einer vitalen Barbarismus-Wortfamilie geworden[20].

Nie in der abendländischen Geschichte ist dem Lesen, Schreiben, der Grammatik, der Schule ein so hoher Rang eingeräumt worden wie damals. Ein Historiker hat den Vorschlag gemacht, statt von karolingischer Renaissance, von karolingischer *correctio* zu sprechen[21]. Dieser Begriff erfaßt das Wesentliche der Epoche tatsächlich genauer als der Renaissance-Begriff.

---

[18] Alkuin, *Grammatica* De coniugatione verborum, Migne PL 101, col. 881.

[19] Hofmann / Szantyr, p. 320–322 spricht von «verschobenen Formen».

[20] Schwankungen hat es freilich schon in der Überlieferung aus klassischer Zeit gegeben, R. Kühner, *Ausführliche Grammatik der lateinischen Sprache* t. 1, Hannover ²1912, p. 361sq.

[21] P. E. Schramm, *Kaiser, Könige und Päpste*. Gesammelte Aufsätze t. 1, Stuttgart 1968, p. 336.

Karl hat bekannte Schulmeister aus Italien, Spanien, England und Irland zu sich gerufen und sie mit Gunstbeweisen überschüttet. Einhart erzählt, daß seine grenzenlose Gastfreundschaft «nicht nur dem Palast, sondern dem Reich beschwerlich» war. Karl selbst spürte in seiner Großherzigkeit (*magnitudo animi*, Einhart, *Vita Karoli* 21) nichts davon. Seine Hochschätzung der Dinge, die die Grammtiker trieben, sein grenzenloses Vertrauen in den Sinn ihrer Arbeit und die Energie, mit der er die Ideen seiner Hofgelehrten in seinem Reich durchzusetzen begann, sind ein historisches Phänomen, an das sich alle Lehrer und Philologen begreiflicherweise gern erinnern. Das einzigartige Ansehen des Grammaticus in dieser Zeit findet seine teilweise Erklärung freilich in dem anderen Phänomen, daß Karl sich im lateinischen Schreiben und wohl auch Lesen so schwer tat, daß es ihm, dem geborenen Heerführer und Herrscher, eigentlich unerreichbar blieb. Das schmälerte Karls Ansehen in keiner Weise, denn damit verhielt er sich standestypisch[22]. Es ist nur scheinbar ein Widerspruch, daß ein Rex illiteratus, fast ein Analphabet, die größte und folgenreichste lateinische Sprachbewegung des Mittelalters ins Werk gesetzt hat. Gerade die Dialektik zwischen persönlichem Unvermögen und Herrscherwillen zur Wiederherstellung eines grammatischen Lateins hat der Bewegung Antrieb verliehen.

Die wichtigste Folge ergab sich nebenbei. Die Latinitas bekam Töchter. Man zählt deren zehn oder elf, nämlich von West nach Ost: Portugiesisch, Spanisch, Katalanisch, Okzitanisch (= Provenzalisch, Frankoprovenzalisch + Gaskognisch), Französisch, Rätoromanisch, Sardisch, Italienisch, Dalmatisch (†), Rumänisch. Für das ausgestorbene Dalmatische schickt sich jetzt das Galizische an, als eigene romanische Sprache aufzutreten. Da wir Zeitgenossen solcher Sprachemanzipationen sind, ist es für uns relativ einfach, die Kriterien der Ablösung der Sprachen voneinander zu erkennen. Es sind Kriterien eines Bewußtseinsprozesses. Aus einer Sprache werden zwei, wenn sich das Bewußtsein der *Diglossie* durchsetzt. Ein genau ins Jahr 800 zu datierender Beleg für Diglossie im Kloster Centula (St. Riquier) an der

---

22 H. Grundmann, «Litteratus – illiteratus», *Ausgewählte Aufsätze* t. 3, Stuttgart 1978, p. 1–66.

Somme ist in der Vorrede Alkuins zu seiner *Vita S. Richarii* zu finden[23]. Zur selben Zeit, da sich die Mönche von St. Riquier entschließen, in zwei verschiedenen Arten Latein ihren Klosterpatron zu feiern, nämlich die Vita im neuen karolingischen Latein für die Mönche, die Miracula im alten merowingischen Latein fürs Volk, erkennt ein Schreiber in Verona, daß das volkstümliche Latein eine eigene Sprache ist. Er schreibt um 800 auf ein vorderes Blatt einer der wichtigsten Handschriften der Dombibliothek folgendes Rätsel (Abb. 25)[24]:

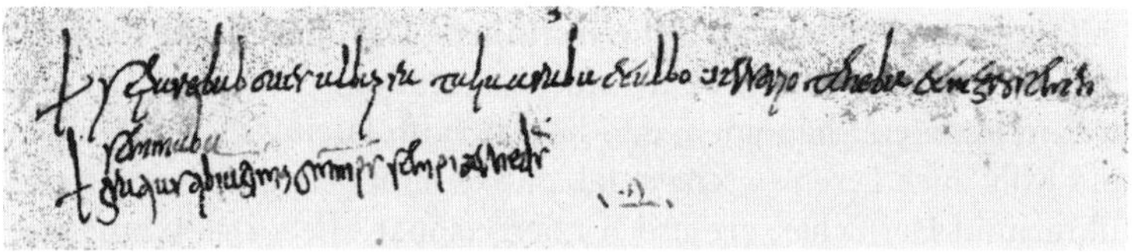

Abb. 25 «Indovinello Veronese»: Veroneser Kursive um 800. Verona, Biblioteca Capitolare LXXXIX (84), fol. 3^r^. Ausschnitt, Originalgröße des ganzen Blatts 33 × 26 cm.

se pareba boves
alba pratalia araba
et albo versorio teneba
et negro semen seminaba

«Man spannte die Ochsen ein/ ackerte weiße Wiesen/ und hielt den weißen Pflugsterz/ und säte schwarzen Samen». Gewiß «uno scherzo professionale». Es ist der Schreiber selbst, von dem das Rätsel handelt. Er ist es, der die «Ochsen»(-häute) aufspannt bzw. präpariert, er «pflügt» über die «weißen Wiesen» seiner (kalzinierten) Pergamente die Schreib- und Grenzlinien, er hält den «weißen Pflugsterz» seines

---

[23] Hierzu *Biographie und Epochenstil* t. 3, p. 139sqq.

[24] Der Text wurde von Luigi SCHIAPARELLI erstmals richtig gelesen. Die Lit. zum Indovinello ist inzwischen Legion. Über das Paläographische unterrichten A. PETRUCCI / C. ROMEO, »L'orazionale visigotico di Verona«, *Scrittura e civiltà* 22, 1998, p. 13–30, die u. a. aufgrund des differierenden Schreibwinkels von lin. 1–2 einerseits und lin. 3 andererseits zwei verschiedene Schreiber annehmen. Die Autopsie jedoch erweist dieselbe Tinte und denselben Duktus aller drei Zeilen.

Gänsekiels in der Hand und «sät den schwarzen Samen» seiner Tinte. Ein Schreiberscherz, aber auch mehr. Es handelt sich um eine kleines, geformtes Stück Literatur der im VIII. Jahrhundert beliebten Rätselliteratur. Am Anfang steht nicht das Primitive, Ungeschlachte, Entwicklungsbedürftige, sondern etwas schon Vollendetes.

Die Romanistik ist sich noch nicht darüber einig, ob das Veroneser Rätsel (der «Indovinello Veronese») schon ein romanischer Text oder noch ein lateinischer sei. Ihr kann die Paläographie zu Hilfe kommen. Derselbe Schreiber, der das Rätsel schrieb, hat daruntergesetzt: *gratias tibi agimus omnipotens sempiterne deus*. Das ist makelloses Latein, gewiß formelhafter Art, aber doch genug um zu sehen, daß unser Schreiber die lateinische Orthographie und Morphologie beherrschte. Das Rätsel ist dagegen bewußt im «anderen Latein» (für das es um 800 noch keinen Namen gibt) geschrieben. Die Diglossie des Eintrags *insgesamt* («Indovinello» + liturgische Formel) ist neben dem Richarius-Prolog ein zweiter Beleg für das plötzlich bewußte Auseinandertreten von hohem, traditionell gebundenen internationalem und kultischem Latein und seiner niederen, auf engerem Raum allgemein verständlichen Variante, «Romanisch».

⋆

Auf das glänzende Schauspiel der karolingischen Kultur folgt eine lange Pause. Die ersten großen karolingischen Schulen verschwinden schon bald nach der Mitte des IX. Jahrhunderts. Nach dem Jahr 900 ist nur noch an wenigen Orten literarisches Leben festzustellen, und nach 920 setzt es für eine Generation nahezu völlig aus. Es bedurfte eines Neubeginns um 960, der im ottonischen Reich seinen Schwerpunkt hat und der deshalb «ottonische Renaissance» heißt. Diese Renaissance ist so weitgehend auf dem karolingischen Fundament aufgebaut, daß manche sie als Fortsetzung oder Wiederholung der karolingischen Renaissance im kleineren Maßstab betrachten. Damit sind aber die Besonderheiten der ottonischen Epoche vernachlässigt, von denen für die Sprachgeschichte die folgenden wichtig sind: 1) Das Studium des grammatischen Lateins ist in dieser Epoche entweder deutlich schwächer ausgeprägt als in der Karolingerzeit oder wird im Ergebnis nicht mehr so ernst genommen. Denn 2) die bedeutenden Autoren der ottonischen Epoche erlauben sich weitergehende Freiheiten im lateinischen

Sprachgebrauch als die karolingischen. Man kann das gut bei Thietmar von Merseburg († 1018) verfolgen, dessen Chronik als Autograph vorliegt[25].

Es gab in der Ottonenzeit mit Otto III. (983–1002) und Heinrich II. (1002–1024) gebildete Herrscher; ihre Initiativen waren aber eher punktuell. Kaiser Heinrich II. wollte einmal die Lateinkenntnisse des Bischofs Meinwerk von Paderborn (1009–1036) prüfen und wählte sich dafür genau das *famulis et famulabus* der Totenliturgie aus, ließ im Missale des Bischofs zweimal *fa* ausradieren und bat den Prälaten eine Missa für seine verstorbenen Eltern zu singen. Man war dann bei der Messe sehr aufmerksam, besonders als man zu der präparierten Oration kam. Der Bischof sang seelenruhig *pro mulis et mulabus* «für Maulesel und Mauleselinnen», soll aber – so sein Biograph – den Irrtum bemerkt und die Stelle nochmals gesungen haben *pro famulis et famulabus*[26].

Die Latinitas wuchs um diese Zeit sozusagen von selbst. Ihre Geographie änderte sich nochmals: Norwegen, Schweden, die Ostseeküste, Polen, Böhmen, Ungarn werden Länder mit lateinischer Schul-, Kult- und teilweise auch Kultursprache. Um etwa 1220 waren die neuen und seitdem im wesentlichen stabilen Grenzen der lateinischen «Vatersprache» erreicht. Es gab dann nur noch kleinere Verschiebungen, z. B. in Spanien, wo die Reconquista erst 1492 zum Abschluß kam (Abb. 26).

Eine tiefe Zäsur geht politisch, religiös, vielleicht auch sozial durch das XI. Jahrhundert; die archaische Einheit von Priestertum und Königtum zerbricht im Investiturstreit. In der Geschichte der Pflege des Lateinischen spielt dies keine Rolle; das Niveau hebt sich kontinuierlich von Generation zu Generation und erreicht im XII. Jahrhundert eine neue klassische Höhe. Das ererbte biblische und liturgische Latein läßt sich nicht mehr ändern; gelegentliche Bemerkungen zeigen uns aber, daß man das eine oder andere Wort doch gern durch ein anderes Wort ersetzt hätte, z. B. das erwähnte Anfangswort von Ps 44 *Eructare*.

---

[25] N. Fickermann, «Thietmar von Merseburg in der lateinischen Sprachtradition», *Jb. für die Geschichte Mittel- und Ostdeutschlands* 6, 1957, p. 21–76.

[26] *Vita Meinwerci* 186, ed. F. Tenckhoff, Hannover 1921, p. 106sq.

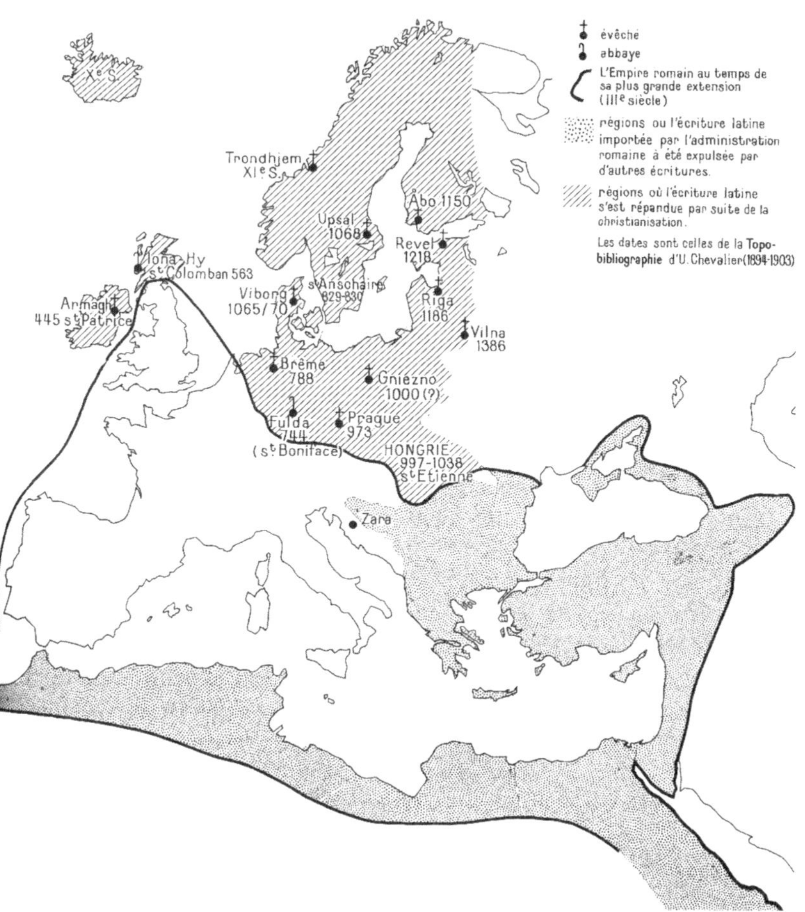

Abb. 26 Lateinische Schrift und Sprache in Antike und Mittelalter: Was im östlichen und südlichen Mittelmeer verloren ging, wurde im keltischen, germanischen und westslawischen Bereich hinzugewonnen. Karte nach R. Marichal in M. Cohen (ed.), *L'écriture et la psychologie des peuples*, Paris 1963, p. 201.

Mattheus von Vendôme hat es bzw. das Grundwort *ructare* benützt, um gefräßige Kleriker zu verspotten[27]:

[27] Ars versificatoria III,9, ed. F. Munari, *Mathei Vindocinensis opera* t. 3, Rom

Non alleluia ructare, sed allia norunt;
Plus in salmone quam Salomone legunt.

«Es wallt in ihnen auf nicht vom Alleluia, sondern vom Knoblauch;/ beim Salm suchen sie mehr als bei Salomon.» Um 1220 aber, auf dem Höhepunkt der Ausbreitung des Lateinischen, läßt sich nahezu europaweit ein Einbruch im Stil des Lateinischen beobachten. Er hat mit der scholastischen Wissenschaft zu tun, die sich mit den neuen Universitäten entwickelt und ständig verfeinert. Die Scholastik ist eine dialektische Wissenschaft, die der Genauigkeit der Begriffe ihre Aufmerksamkeit schenkt. Auf die begrenzten Ausdrucksmöglichkeiten des Lateinischen nimmt die Scholastik keine Rücksicht; fehlt ein Ausdruck, so wird er ohne viel stilistisches Zögern neu geschaffen[28]. Der *qualitas*, einer von Cicero eingeführten Vokabel, entspricht die *talitas* «So-sein», daneben gibt es eine *haecceitas*, *ipseitas*, *perseitas boni* («Ansichsein des Guten»), *quidditas*. Nicht nur Grenzgebiete der Terminologie werden besetzt. Wir verdanken dem scholastischen Latein Begriffe, ohne die uns geistiges Leben nicht mehr vorstellbar ist: «subjektiv/objektiv, abstrahieren, approximativ». An Pariser Schulen, so heißt es[29], soll es Scholastiker gegeben haben, die die Elementargrammatik derart mit Füßen traten, daß sie behaupteten, *Ego amat* sei ebenso gutes Latein wie *Ego amo*. Dahinter steht das Bemühen, den im Latein fehlenden bestimmten Artikel zu ersetzen. Diejenigen, die das schockierende *Ego amat* formulierten, wollten aus dem Personalpronomen ein Nomen machen: «das Ich» oder «ein Ich»: und signalisierten das mangels Artikel syntaktisch durch *amat*. Hier ist Thomas von Aquin († 1274) am weitesten gegangen, der in der *Summa theologiae* und in seinem Kommentar zu den Sentenzen des Petrus Lombardus ins Lateinische – wohl nicht als erster[30] – einen neuen bestimmten Artikel *ly* eingeführt

---

1988, p. 169.

[28] F. Blatt, *Sprachwandel im Latein des Mittelalters*, Darmstadt 1970 (ursprünglich *Historische Vierteljahrschrift* 28, 1934).

[29] Dies schreibt der Anti-Aristoteliker Petrus Ramus (Pierre de la Ramée, † 1572), zitiert nach Blatt, p. 19.

[30] Cf. A. M. Landgraf, *Dogmengeschichte der Frühscholastik* t. 1/1, Regensburg 1952, p. 21–24.

hat[31]: *ly solus excludit tantum aliud; ly alium potest teneri; ly pater potest praedicare personam patris.*

⋆

Um die folgende humanistische Etappe der lateinischen Sprachentwicklung zu verstehen, muß man sich präsent halten, daß die neue internationale Bewegung der Scholastik ebenso wie die Gotik ihr Zentrum in Frankreich hatte, während die im XIV. Jahrhundert einsetzende Rückkehr zu klassischen Mustern des Lateinischen von Italien ausging. Der zitierte Thomas von Aquin war ebenso wie Petrus Lombardus Italiener; aber diese italienischen Scholastiker gehörten ebenso wie der Deutsche Albertus Magnus und viele andere zu der nördlichen internationalen Bewegung, die ihren Schwerpunkt in Paris hatte. Italien hat die Gotik auf allen Gebieten nur zögernd mitvollzogen; schon im XIV. Jahrhundert entsteht dort als Antigotik und Antischolastik der Humanismus.

Charakteristisch für die frühen Humanisten ist ihre *scharfe Abgrenzung* gegenüber der Vergangenheit. Petrarca erklärte, daß das seit 1000 Jahren geschriebene Latein weder hoher, noch mittlerer, noch niederer Stil *(sermo humilis)* sei, sondern «ein bäuerischer und sklavenhafter Ausfluß von Worten»[32]. Als solches 'Latein unter dem Strich' wurde beispielsweise von dem Florentiner Humanisten Leonardo Bruni das Latein Dantes charakterisiert; die Humanisten grenzen sich auch von ihrer unmittelbaren Vergangenheit gern ab. In der Tat war Dante kein am Klassischen gebildeter Latinist. Man erinnere sich an den erwähnten Übersetzungsfehler beim Wort *sacer*. Es ist aber übertrieben, wenn Bruni in einem Dialog gegenüber Coluccio Salutati um 1400 erklärt, er wolle Dante aus der Versammlung der *litterati* ausschließen und ihn den Gürtlern und Bäckern zugesellen: *ego istum poetam tuum a concilio literatorum seiungam atque eum zonariis, pistoribus et eiusmodi turbae relinquam.* Und zwar nicht wegen des einen oder anderen Fehlers, sondern wegen seines von der zeitgenössischen

---

[31] L. SCHÜTZ, *Thomas-Lexikon*, Paderborn ²1895, p. 457.

[32] *Verborum ... plebeia quedam et agrestis et servilis effusio*, Petrarca, *Familiarium rerum* XIII,5, ed. V. ROSSI, Florenz 1937, p. 69.

Scholastik geprägten mittelalterlichen Lateins (z. B. in *De vulgari eloquentia*)[33].

Mittelalterliches Latein als Sklavensprache, als Handwerkersprache – die Metapher lag schon in der Luft, die wie keine andere das Mittellatein in Mißkredit bringen sollte: «Küchenlatein». Die Vokabel wurde um 1452 von dem streitbaren Humanisten Lorenzo Valla (1405–1457) geprägt[34] – demselben, dem wir das schönste Stillehrbuch des Lateinischen nach Quintilian verdanken: *Elegantiae linguae latinae* (1442).

Das Wort Küchenlatein wurde in gut humanistischer Weise im Verlauf einer Fehde in Umlauf gesetzt, die Valla, um seine Beherrschung der klassisch-lateinischen Sprache zu zeigen, mit dem älteren Humanisten Poggio Bracciolini vom Zaun brach. Unter den nicht wenigen Libelli, die im Verlauf dieses Streits hin und her gingen, ist der *Dialogus in Pogium*, eine Streitschrift, in der Valla eine Verhandlung über Poggios Latein inszeniert[35]. Dabei treten der humanistische Lehrer Guarino da Verona als Richter, Lorenzo Valla als Ankläger, Poggio mit seinen Schriften als Angeklagter auf.

Schon bei der Schilderung der Präliminarien bringt Valla ein Küchenmotiv. Guarino, der Richter, fragt Poggio, ob der das *forum* anerkenne. Was solle er das *forum* meiden, antwortet Poggio, da es dort so vieles zur Ergötzung des Gaumens zu kaufen gebe: «Ich rede nicht von Salat, Kohl, Rauke, sondern von Rebhühnern, Fasanen, Gänsen, Enten, Hühnern, Tauben, Krammetsvögeln, Schnepfen, ferner Goldbrassen, Muränen, Meeraalen, Muscheln[36], außerdem Würzmorsellen, …, Würsten und vor allem den zweiunddreißig hervorragenden Weinsorten, die ich, wenn ihr es wollt, aufzählen kann.» Mit die-

---

33 L. Bruni, *Dialogus de tribus vatibus Florentinis* I, ed. K. Wotke, Prag/Wien/Leipzig 1889, p. 21.

34 Cf. R. Pfeiffer, «Küchenlatein», *Ausgewählte Schriften*, München 1960, p. 183–187.

35 L. Valla, *In Pogium libellus primus in dialogo conscriptus, Laurentii Vallae opera*, Basel 1540 (repr. Turin 1962), p. 366–374; der Begriff *culinarium vocabulum* auf p. 369.

36 Im lateinischen Text steht *mulos*, was lexikalisch nicht nachzuweisen ist; die Übersetzung «Muscheln» geht von einer Entlehnung aus dem Romanischen aus (T.L.).

sem Aufzählungsschema, dem wichtigsten Requisit der Küchenkomik überhaupt, charakterisiert Valla seinen Gegner als einen mehr am Geschmack seines Gaumens als am literarischen Geschmack interessierten Zeitgenossen – ein typisches Argument der oft brotlosen Humanisten in einem tafelfreudigen Zeitalter.

Nun hat der Richter das Wort. Guarino da Verona greift einige Formulierungen des Angeklagten heraus. Poggio hatte geschrieben: *Post quindenam ab his partibus discedam.* Dazu Guarino: «Meinen Koch und meinen Stallknecht höre ich oft so reden: *Volo ire ad partes, venerunt multi ex partibus meis.* Wenn sie so reden, pflege ich sie, obwohl sie keine Italiker sind, zu verlachen; *quindenam* aber habe ich aus ihrem Mund noch nie gehört. Wenn dies erlaubt ist, sehe ich nicht ein, warum es nicht erlaubt sein sollte, auch *decena, quartena* und anderes nach Stümperart zu sagen.» Eine weitere von Valla angegriffene Poggio-Stelle lautet: *Cum de proximo instet coronatio regis.* Guarino urteilt: «*De proximo*, dieser Ausdrucksweise bedienen sich mein Koch und mein Stallknecht. Hier ist doppelt gefehlt; denn erstens sagen wir nicht *de proximo*, und zweitens hätte es genügt zu sagen: *instabat dies coronationis ...*» Guarino belegt dies mit Beispielen aus Caesar und Lucan. Zwei weitere Stellen werden ähnlich gebrandmarkt; zu der Poggio-Stelle *Rogo, ut me certifices* ruft Guarino aus: *Et hoc culinarium vocabulum est* «Auch das ist ein Küchenwort»; wir können hier schon übersetzen «Auch das ist Küchenlatein». Nach Verlesung der Stelle *Ne devenirent in manibus fratris* ruft Guarino seinen Koch herbei, damit dieser urteile. Auch der Stallknecht wird hinzugezogen; die Sprachkenntnis der beiden macht ihrem Herrn alle Ehre. Damit das lange Strafgericht über Poggios Stil unterhaltsam bleibe, hat Valla das römische Komödienmotiv des schwatzhaften Kochs verwendet. Das Ganze geht am Ende ohne Urteilsspruch mit der Feststellung aus, daß Poggio die Verhandlung verschlafen habe, mit offenen Augen, wie ein Hase. Doch ginge es nach dem Koch, so müßte Poggio auf Grund seines Lateins an den fast schlimmsten Ort verbannt werden, den man sich im Europa früherer Jahrhunderte auf dieser Welt vorstellen konnte, die Küche.

Es lohnt wohl die Mühe, das Latein, das in der ersten Stunde als «Küchenlatein» bezeichnet wurde, genauer zu betrachten. *Post quindenam ab his partibus discedam* «In 14 Tagen will ich von dieser Gegend scheiden». Die Vokabel *quindena*, die Guarino beziehungsweise Valla noch nie gehört haben will, ist seit dem XIII. Jh. belegt. *Partes* «die Gegend», angeblich nur aus dem Munde von Koch und Stallknecht zu hören, steht bei Cicero. *Cum de proximo instet coronatio regis* «da die Krönung des Königs unmittelbar bevorsteht»: Poggio gebraucht hier statt des Adverbs *proxime* eine ungewöhnliche präpositionale Konstruktion mit dem spätlateinisch und mittelalterlich beliebten *de* bei Orts- und Zeitangaben. *Certificare* «vergewissern, bestätigen», das *culinarium vocabulum* nach Valla, ist in Wirklichkeit eine spätantik-mittelalterliche Vokabel vornehmlich aus dem Bereich der Rechts- und Verwaltungssprache und gehört in eine vielgestaltige Familie der Neologismen *(certificatio, certificativus, certificatorius)*. Mit *Ne devenirent in manibus fratris* «Daß sie nicht in die Hände des Bruders fielen» ist Poggio allerdings ein Lapsus widerfahren, da er die suggestive Dativ-Plural-Form auf -bus statt des Akkusativs setzte. Insgesamt ist es ein lebendiges, aus verschiedenen Schichten der Sprachgeschichte gespeistes Latein, das Poggio schreibt. Gerade diese Mischung aber wollen die Humanisten nicht mehr. Ein neuer Standard wird festgelegt; die Toleranz wird verengt.

Daran erkannte man den humanistischen Lateiner, daß er sich überlegte, welche *-bus* Formen tolerierbar waren. Die *Elegantiae linguae latinae* Vallas beginnen mit der Diskussion genau dieses Punktes: *Deus, dea, deabus dicimus: Divus, diva, divabus non dicimus. Item in quibusdam aliis ut filius, filia, filiabus ... equus, equa, equabus, mulus, mula, mulabus: non asinus, asina, asinabus.* Valla ist hier also relativ tolerant – weil es für die genannten Beispiele antike Modelle gibt. Das Christen- und Kirchenlatein ist für ihn keine Autorität: *famulabus* wird abgelehnt, ebenso *animabus*.

Die von Valla ausgehende Gleichgültigkeit gegenüber den kirchenlateinischen Traditionen erreichte bald nach 1500 ihren Höhepunkt im italienischen Ciceronianismus, der mit Pietro Bembo († 1547) und anderen Eingang in das Sekretariat der Renaissancepäpste fand. Erasmus hat in seinem 1528 erschienenen *Ciceronianus* eine Karikatur dessen geliefert, was aus dem Kirchenlatein (linke Spalte) unter der Feder eines Ciceronianers werden konnte (rechte Spalte)[37]:

---

[37] *Desiderii Erasmi ... opera omnia* I,2, Amsterdam 1971, p. 641.

Iesus Christus,	*Optimi maximique Iovis*
verbum et filius aeterni patris ...,	*interpres ac filius ...,*
venit in mundum	*ex olympo devolavit in terras*

Das neuheidnische Treiben in Rom konnte allerdings nicht lange über die Reformation hinaus fortgesetzt werden. Der extreme Ciceronianismus ist Episode geblieben.

Eduard Norden hat gegen Ende seines Buches über die Kunstprosa folgende Sätze gesperrt drucken lassen[38]: «Der lateinischen Sprache, die im Mittelalter nie ganz aufgehört hatte zu leben und demgemäß Veränderungen aller Art unterworfen gewesen war, wurde von denselben Männern, die sich einbildeten, sie zu neuem dauernden Leben zu erwecken, sie zu einer internationalen Kultursprache zu machen, der Todesstoß gegeben. Die Geschichte der lateinischen Sprache hört damit endgültig auf, an die Stelle tritt die Geschichte ihres Studiums.» Das sind eher die Worte eines Mannes, der sich schon viel zu weit von seinem Ausgangspunkt – den griechischen Rednern – entfernt hat und der endlich einen Schlußpunkt setzen will, als die Worte eines Latinisten, der versucht, das Ganze zu überblicken. Denn mit den Humanisten beginnt zweifellos ein neuer Aufschwung des Lateinischen, freilich auf einem gegenüber dem Spätmittelalter verschobenen Feld.

Der Brief, die Geschichtsschreibung, der Dialog werden teilweise wieder lateinische Domänen für lange Zeit. Sprachgeschichtlich bringt der Humanismus nicht nur Einschränkungen, sondern auch Neuerungen, Erweiterungen. Man denke an das Verbum «übersetzen» in den romanischen Sprachen: *traduire*, *tradurre*, *traducir*. Es kommt nicht von den klassisch-lateinischen und mittelalterlich lateinischen Wörtern für «übersetzen» *interpretari*, *transferre*, *transvertere*, *vertere*, sondern von *traducere*, einer in dieser Bedeutung neuen humanistischen Vokabel[39]. Die alten Wörter für «übersetzen» genügten den Humanisten nicht, weil sie die wörtliche Übersetzungsweise des Mittelalters als barbarisch verschrien. Die neuen humanistischen Übersetzungen sollten sinngemäß, nicht wörtlich sein und kein abstoßendes, sondern ein schönes Ergebnis zeitigen. Der Florentiner Leonardo Bruni

---

38 E. Norden, *Die antike Kunstprosa*, Leipzig ²1909, p. 767.

39 W.B., *Griechisch-lateinisches Mittelalter*. Von Hieronymus zu Nikolaus von Kues, Bern/München 1980, p. 314.

gebrauchte als erster *traducere* für «übersetzen» und brachte damit die neue Übersetzerfreiheit auf den Begriff: «Tradurre significa abbellire abbellire abbellire e sopratutto mutare togliere aggiungere»[40].

⋆

Die barocke Wissenschaft hat weitere Neuprägungen auf lateinischem Gebiet hervorgebracht; einige auf dem Gebiet der Paläographie (*carolinus* «karolingisch», *semiuncialis* «Halbunzialschrift») wurden erwähnt. Ganze Wissenschaftsgebiete sind terminologisch auf Latein festgemacht worden: am eindrucksvollsten die Botanik durch das System Carl Linnés (1707–1778), in dem jede Pflanze einen allgemeineren und einen besonderen Namen erhielt (Gattungsname und Art; «binäres System»). Der Bittersüße Nachtschatten heißt *Solanum dulcamara* (früher *-um*). *Solanum* bedeutet das Genus (Gattung), die Species (Art) ist *dulcamara*. Die «Studentenblume» *Tagetes elata* heißt so, weil sie zur Gattung der «Samtblumen» bzw. Tagetes gehört, *elata* ist die Species. Das System ist viel kritisiert worden, z. B. in Rudolf Borchardts († 1945) *Der leidenschaftliche Gärtner*. Borchardt stieß sich an den oft zu wörtlichen deutschen Übersetzungen der lateinischen Fachbegriffe, die nicht immer so glücklich ausfielen wie beim Bittersüßen Nachtschatten. Nach Borchardt ist viel ausdrucksvoller als *Tagetes elata* und viel charakteristischer für dieses Pflänzchen als «Studentenblume» der Name «Stinkende Hoffart». – Doch ist das binäre System erfolgreich geworden und hat sich z. T. auch auf die Zoologie ausgeweitet. Die Amsel heißt fachterminologisch nicht einfach *merula*, sondern *turdus merula*, weil die Amsel zu den Drosseln gehört. Die eigentliche Drossel, die Singdrossel, heißt *turdus musicus* (oder *philomelos*).

Das Latein ist im Barockzeitalter in Zonen vorgestoßen, die dem Römer als Mittelmeerbewohner sachlich und sprachlich wohl immer gleichgültig waren. Der um 1800 einsetzende Neuhumanismus hat sich allerdings von den humanistischen und barocken Errungenschaften des Lateins wieder getrennt. Wenn man in einem deutsch-lateinischen Lexikon des XIX. Jahrhunderts nachsieht, was «übersetzen» heißt, wird

---

[40] R. Sabbadini, *Il metodo degli umanisti*, Florenz 1920, p. 26. In Sabbadinis «mutare togliere aggiungere» steckt ein Echo auf Hieronymus' Praefatio zur Vulgata-Ausgabe der Evangelien: *me clamans esse sacrilegum, qui audeam … addere, mutare, corrigere.*

man alles mögliche finden, nur nicht die sprachgeschichtlich wichtigste und interessanteste Vokabel, nämlich das Humanistenwort *traducere*. Das Linnésche System begegnet eher im Gartenbuch als im Lateinunterricht, und auch die hübschen Neubildungen der Ornithologie spielen in unserem Schul- und Universitätslatein keine Rolle. Sie können es auch nicht. Denn den Unterschied von *parus maior* «Kohlmeise» und *parus caeruleus* «Blaumeise» hat der Römer offensichtlich nicht wahrgenommen, jedenfalls hat er ihn sprachlich nicht interessiert, und *parus* (richtiger *parrus*, Nebenform von *parra*) war einfach «ein Vogel, dessen Geschrei Unglück bedeutete, nach einigen die Schleiereule ..., nach anderen der Grünspecht»[41]; so genau wollten das Cicero, Sallust, Terenz und Vergil gar nicht wissen, und Caesar sah die Landschaft sowieso nur strategisch.

*

Die neuhumanistische Sprachbewegung, die das literarische Latein auf einem sehr hohen Niveau festschreibt, das nur noch wenige klassische Autoren als Vorbilder gelten läßt, hat nach langem Widerstand aus den romanischen Ländern 1945 auch die Katholische Kirche erreicht. Damals publizierte das päpstliche Bibelinstitut das sogenannte Psalterium Pianum. Es enthält eine neue lateinische Version des Psalters und der biblischen Cantica.

Um dieses Psalterium hat es eine lebhafte Diskussion gegeben. Papst Pius XII. erklärte in dem das Psalterium empfehlenden (aber nicht zwangsweise einführenden) Motuproprio «De novae psalmorum conversionis latinae usu in persolvendo divino officio»[42], daß die Übersetzung für die zum Breviergebet verpflichteten Priester bestimmt sei und das Psalterium von seinen Dunkelheiten und Fehlern befreien solle. Dazu hätten vielleicht ein paar Dutzend Korrekturen genügt[43]. Der Ehrgeiz der neuen Übersetzung ging weiter; eine seiner Tendenzen kann schon aus dem Gebrauch der Vokabel *conversio* in der Be-

---

41 K. E. Georges, *Lateinisch-deutsches Handwörterbuch* s.v. parra.

42 *Acta Apostolicae Sedis* 37, 1945, p. 65–67. Das Motuproprio wird üblicherweise nach den Anfangsworten zitiert: *In cotidianis precibus*.

43 Wie sie F. Wutz in seiner für den Latinisten lehrreichen Ausgabe *Die Psalmen des Breviers*, München 1926, angebracht hat.

deutung «Übersetzung»[44] in Pius' XII. Motuproprio erkannt werden. Aus der Tatsache, daß die Priester ihr Schullatein an Schriftstellern des I. Jahrhunderts v. Chr. lernen, folgerte der eigentliche Autor der Übersetzung, der spätere Kurienkardinal Augustin Bea (1881–1968), daß die neue Übersetzung, um sofort verständlich zu sein, einer Sprachform bedürfe, «die dem Latein der Klassiker verwandter ist als dem Volkslatein»[45]. Das hatte zur Folge, daß kaum ein größerer Abschnitt des alteingeführten *Psalterium Gallicanum* der Vulgata unverändert blieb. Das unappetitliche *eructare* wurde nicht geduldet. Ps 44, 2 *Eructavit cor meum verbum bonum, dico ego opera mea regi* lautet in Beas neuklassischem Latein so: *Effundit cor meum verbum bonum, dico ego carmen meum regi.* Es wurde aber auch in die Grundstruktur der Psalmen eingegriffen, in den Parallelismus membrorum[46]. Beispiel Ps 2,4. Der Vers lautet in der Vulgata:

> *Qui habitat in caelis irridebit eos,*
> *et dominus subsannabit eos.*

Kein noch so schwacher Lateiner dürfte mit diesen zwei Sätzchen Schwierigkeiten gehabt haben. Auch entsprechen sie dem hebräischen Text; Franz Wutz[47] merkt an, daß im zweiten Halbvers dominus *meus* näher am Hebräischen wäre. Das bestätigt Martin Buber mit der Übersetzung[48]

> «Der im Himmel Thronende lacht,
> *mein Herr* spottet ihrer».

Das «Psalterium Pianum» übersetzt:

> *Qui habitat in caelis, ridet,*
> *Dominus illudit eis.*

---

[44] Auch G. v. Rothenburg schreibt so gewählt den Titel *Asterix in Hispania: in Latinum convertit Rubricastellanus* (statt *transtulit* oder *gar traduxit*).

[45] A. Bea, *Die neue lateinische Psalmenübersetzung.* Ihr Werden und ihr Geist, Freiburg i. Br. 1949, p. 105.

[46] Dieses Stilgesetz der Psalmen wurde entdeckt von R. Lowth, *De sacra poesi Hebraeorum*, Oxford 1753.

[47] Wutz, *Die Psalmen des Breviers*, p. 3.

[48] M. Buber, *Buch der Preisungen*, Heidelberg ^{9}1982, p. 9.

Nach Bea ist *subsannare* «ein aus dem Volkslatein stammendes, bis auf die Zeit des hl. Hieronymus wenig gebrauchtes Wort»[49], das also, obwohl es geradezu ein Lieblingswort des Hieronymus war, aus dem neuen Psalter verbannt wird. Auf syntaktischer Ebene ist wenig geändert, und doch ist der Vers anders geworden. Der Parallelismus membrorum ist noch da, aber er hat an Substanz verloren durch den Verzicht auf den grammatischen Parallelismus der Schlußwörter und den den Gleichklang unterstreichenden Reim.

Bea war zuversichtlich, daß sich sein Werk so, wie einst das des Hieronymus, durchsetzen werde. Aber noch zu seinen Lebzeiten hat er in der am 4. XII. 1963 publizierten Liturgie-Konstitution des II. Vatikanischen Konzils lesen müssen: *Opus recognitionis Psalterii, feliciter inchoatum, quamprimum perducatur ad finem, respectu habito latinitatis christianae, usus liturgici etiam in cantu, necnon totius traditionis latinae Ecclesiae*[50]. Das heißt, daß man das «Psalterium Pianum» nicht als Abschluß ansah und einen nicht mehr ciceronianisch, sondern kirchenlateinisch revidierten Psalter haben wollte, der auch singbar sein sollte. Mit dieser Arbeit wurden Benediktiner betraut, deren lateinische Psalterversion durch eine Constitutio Apostolica vom Jahr 1970 für das lateinische Brevier vorgeschrieben wurde. Dieser neueste lateinische Psalter ist inzwischen Teil einer «Nova Vulgata», die mit einer Constitutio Apostolica vom 25. IV. 1979 eingeführt wurde. In dieser «Nova Vulgata» lautet unser Versbeispiel Ps 2,4:

Qui habitat in caelis irridebit eos,
dominus subsannabit eos.

Fast alles, wie gewesen: nur das fehlende *et* zu Beginn des zweiten Komma erinnert noch an das Psalterium Pianum des deutschen Jesuiten Bea, das nur 25 Jahre Bestand hatte (1945–1970). Es ist die bisher letzte Episode in der Geschichte kirchlicher Klassizismen.

⋆

---

[49] BEA, *Die neue lateinische Psalmenübersetzung*, p. 113.

[50] Constitutio de sacra Liturgia art. 91, gedruckt mit J. A. JUNGMANNS Kommentar in *Lexikon für Theologie und Kirche*. Das zweite Vatikanische Konzil, Dokumente und Kommentare t. 1, Freiburg i. Br./Basel/Wien 1966, p. 82.

Ludwig Traube hielt das Mittellatein für eine tote Sprache; man glaubte im Mittellatein nur noch ein sprachliches Leben feststellen zu können, so wie bei den Toten Haare und Nägel weiter wachsen[51]. Dagegen hat der dänische Mittellateiner Franz Blatt eine Untersuchung über Sprachwandel im Latein des Mittelalters mit dem Ausruf geschlossen: «C'est une morte qui se porte gaillardement!»[52] Will man eine Sprache nicht allein deshalb für tot erklären, weil sie niemands Muttersprache und alltägliche Umgangssprache ist, sondern nur noch als Bildungs- und Ritualsprache existiert, so zeugt eine Anpassungsfähigkeit des Vokabulars, wie sie das Mittellatein hat, in der Tat von Leben; ein Leben, das sich allerdings zurückzieht. Lateinische Reden, Aufsätze, neue Bücher sind selten geworden, und seit der Liturgiereform der Katholischen Kirche ab dem Jahr 1964 hört man deutlich weniger gesprochenes Latein. Das ist ein Verlust an Nähe, der zu bedauern ist; es ist ein Zuwachs an Distanz, in dem aber auch eine Chance steckt. Wir überblicken jetzt deutlicher die Lebenskurve des Lateinischen. Die Zeit wäre reif für eine Geschichte der lateinischen Sprache[53] vom Lapis niger bis zum Psalterium Pianum von 1945 oder zur «Nova Vulgata» von 1979 oder den lateinischen Schulbüchern ab 2000, dem Jahr, von dem an wir erstaunlicher- und erfreulicherweise wieder einen Aufschwung des Lateinischen an den mitteleuropäischen Schulen erlebten.

---

[51] *Einleitung*, p. 44.

[52] Blatt, *Sprachwandel*, p. 31.

[53] Die p. 94 n. 9 zitierte *Geschichte der lateinischen Sprache* führt von den Anfängen bis 200 n. Chr. auf. Was würde man zu einer Geschichte der englischen Sprache sagen, die mit dem Beowulf begänne und gerade bis Shakespeare reichte?

VII

DuCange und die Begründung der mittellateinischen Lexikographie

Mit einer Liste: Dreiunddreißig wissenschaftliche Wörterbücher spätantiker, mittelalterlicher und neuzeitlicher Latinität

«Es gibt kein mittelalterliches Latein, es wird auch kein Wörterbuch und keine Grammatik desselben geben», so apodiktisch äußerte sich Traube in seiner Einleitungsvorlesung[1]. Nicht alles stimmt, was Ludwig Traube gesagt hat. Die mittellateinische Grammatik ist gewiß ein Problem, denn sie besteht hauptsächlich in Schwankungen gegenüber dem klassischen Standard, die nie zu dauerhaften Erscheinungen geführt haben, sondern epochenweise auftreten[2]. Unproblematisch dagegen ist die lexikographische Seite. In der Fortentwicklung des Vokabulars hat sich die Vitalität des Lateinischen bewiesen, nicht nur die des Mittel-, sondern auch die des Neulateinischen.

Der Begründer der mittellateinischen Lexikographie war Charles DuFresne DuCange, geboren in Amiens 1610 als Sohn eines prévôt. Durch Heirat wurde er trésorier du roi in Amiens, war also Beamter der französischen Krone. 1678 publizierte er in drei Bänden sein *Glossarium ad Scriptores mediae et infimae latinitatis* (so der Originaltitel; man zitiert *Glossarium mediae et infimae latinitatis*), das sogleich ein erfolgreiches Standardwerk wurde, sodaß sich DuCange ermuntert fühlte, zehn Jahre später ein *Glossarium mediae et infimae graecitatis* (1688) folgen zu lassen. Von Anfang an gehen Mittellatein und Byzantinistik Hand in Hand.

Dem eigentlichen Lexikon des Mittellateinischen hat DuCange eine Praefatio *De causis corruptae latinitatis* vorausgeschickt. Die Überlegungen beginnen mit dem Philosophen Heraklit: Alles ist dem Wan-

---

[1] *Einleitung*, p. 78.

[2] P. Stotz, *Handbuch der lateinischen Sprache des Mittelalters* t. 1–5, München 1996–2004; rec. B. K. Vollmann, Beiträge zur Geschichte der deutschen Sprache und Literatur 127 (2005), p. 240–246.

Abb. 27 Titelkupfer zur Erstausgabe von DuCanges *Glossarium mediae et infimae latinitatis* von 1678: Die allegorische Figur der Latinitas trauert in den Ruinen Romas (Vordergrund). Am Niedergang des Lateins sind die Barbaren schuld, die nichts besseres zu tun haben, als Bücher auf Tragen herauszuschleppen, um sie ins Feuer zu werfen (Mittelgrund) und von Leitern aus römische Inschriften herauszuhacken.

del unterworfen. Im folgenden Abschnitt *Linguae latinae ortus, incrementa, casus* «Der lateinische Sprache Entstehung, Wachstum, Niedergang» bekennt er sich zu der Anschauung, mit dem Verlust der römischen Freiheit, mit dem Sieg der Barbaren über Rom sei auch der Verlust der reinen lateinischen Sprache zu erklären (Abb. 27).

So hatten es die Humanisten dargestellt – allen voran Lorenzo Valla, und humanistische Vorurteile sind langlebig. Die verschiedenen Arten der Verstöße gegen den *sermo purus* werden klassifiziert, und schließlich kommt DuCange nochmals auf die Gründe des Niedergangs des Lateinischen zu sprechen. Er nennt wieder die Barbaren, dann aber auch die christlichen Schriftsteller, die Übersetzer (aus dem Griechischen und Arabischen) – auch dies eine humanistische Idee –, die Urkundenschreiber und die mittelalterlichen Verfasser von Wörterbüchern, seine Vorläufer. Das wurde dann immer wieder so geschrieben und gesagt. DuCange ist nicht bei der kritischen Bewertung der Wortentwicklung des Lateinischen stehen geblieben. Er stellte auch die Frage *Quis stylus patrum?* «Was ist Kirchenväterstil?» (LVII) und zeigt schon Wege zu einer positiven Bewertung der lateinischen Sprach- und Stilentwicklung.

Was die einmalige Qualität des *Glossariums* ausmacht, ist die Energie, mit der sich sein Verfasser in riesigen Textmengen aus dem Mittelalter bewegte, ohne daß er sein Wissen und Gefühl verloren hätte, was *sermo purus* ist. Bis zum Entstehen seines *Glossariums* waren elf Bände der *Acta Sanctorum* erschienen (Januar–April). Man kann immer wieder feststellen, wie genau DuCange diese Bände gelesen hat. Es ist ihm kaum ein seltenes Wort entgangen. Oft lohnt es sich heute noch, DuCanges *Glossarium* mit den modernen mittellateinischen Wörterbüchern zu vergleichen. DuCange ist noch nicht überholt. Das Leben dieses denkwürdigen Wörterbuchmannes faßt Étienne Baluze folgendermaßen zusammen[3]: «Übergroße Schätze hatte er nicht, aber er kam zu einem schönen Vermögen. Mehr wollte er auch nie und sagte immer wieder, ein Mensch, der mit Literatur umgehe, müsse mit dem zufrieden sein, was ausreicht zum Lebensunterhalt, zur Kleidung – und zum Bücherkauf.»

Dreiunddreißig wissenschaftliche Wörterbücher spätantiker, mittelalterlicher und neuzeitlicher Latinität

F. Arnaldi, «Latinitatis Italicae medii aevi ... lexicon imperfectum», ALMA 10–34, 1936–1964; Addenda ALMA 35–55, 1967–1997; Addenda. Series altera ALMA 60–, 2002sqq.

A. Bartal, *Glossarium mediae et infimae latinitatis regni Hungariae*, Leipzig 1901

[3] *Opibus nimiis non gaudebat, speciosae contigerant; neque unquam maiores concupivit dictitans iis contentum esse debere hominem literatum, quae victum et vestitum darent liberaliter et sumptus ad emendos libros*, E. Baluze, «Epistola de vita et morte Caroli Dufresnii Cangii», gedruckt in der Ausgabe 1883–1887 des *Glossarium mediae et infimae latinitatis* t. 1, p. LXX–LXXII, hier p. LXXII.

A. Blaise, *Dictionnaire latin-français des auteurs chrétiens*, Straßburg 1954

Id., *Lexicon latinitatis medii aevi*, Turnhout 1975

F. Blatt, *Lexicon mediae latinitatis Danicae*, Aarhus 1987–2014

Dictionary of Medieval Latin from British Sources, London 1975–2013

L. Diefenbach, *Glossarium latino-germanicum mediae et infimae aetatis*, Frankfurt a. M. 1857

C. DuCange, *Glossarium mediae et infimae latinitatis* t. 1–3, Paris 1678; Neuausgabe t. 1–10, Niort 1883–1887 (repr. Graz 1954)

A. Forcellini, *Lexicon totius latinitatis* t. 1–4 [+ «Onomasticon» t. 5–6, ed. J. Perin, Padua 1913/1920], Padua 1771, unveränd. Nachdruck der Ausgabe 1864–1926: Padua 1940

K. E. Georges, *Ausführliches lateinisch-deutsches Handwörterbuch* t. 1–2, Hannover/Leipzig ^{8}1913 (seitdem mehrere unveränderte Nachdrucke)

Glossarium mediae latinitatis Cataloniae ab anno DCCC usque ad annum MC, Barcelona 1960–1985 A–D. Das Lexikon hatte 1985 sein Erscheinen eingestellt. Mit der Publikation der Faszikel F (2001) und G (2006) ist es nun fortgesetzt worden.

R. Hakamies, *Glossarium latinitatis medii aevi Finlandicae*, Helsinki 1958

J. Harmatta / I. Boronkai, *Lexicon latinitatis medii aevi Hungariae*, Budapest 1987sqq.
[A–I]

A. Harvey / J. Power, *The non-classical lexicon of Celtic latinity*, Turnhout 2005 A–H (aufgrund seiner Verschlüsselungstechnik schwer benutzbar)

R. Hoven, *Lexique de la prose latine de la Renaissance*, Leiden/New York/Köln 1994

M. Kostrenčić, *Lexicon latinitatis medii aevi Jugoslaviae*, Zagreb 1973–1979

R. E. Latham, *Revised Medieval Latin Word-List from British and Irish Sources*, London 1965

Latinitatis medii aevi lexicon Bohemorum, Prag 1987sqq.
[A–myya]

Lexicon latinitatis Nederlandicae medii aevi t. 1–8, Leiden 1977–2005

Mittellateinisches Wörterbuch bis zum ausgehenden 13. Jahrhundert, München 1967sqq.
[A–instupefactibilis]

J. F. Niermeyer, *Mediae latinitatis lexicon minus*, Leiden 1976; 2. Aufl. überarbeitet von J. W. J. Burgers, Darmstadt 2002

Novum glossarium mediae latinitatis ab anno DCCC usque ad annum MCC, Kopenhagen/Genf 1957sqq.
[L–polutus]

M. Pérez González, *Lexicon latinitatis medii aevi regni Legionis (s. VIII–1230) imperfectum*, Turnhout 2010

D. Piccini, *Lessico latino medievale in Friuli*, Udine 2006

M. Plezia, *Lexicon mediae et infimae latinitatis Polonorum*, Breslau/Krakau/Warschau 1953sqq.
[A–sublimatio]

A. Răduţiu / V. Rus, *Glossarium mediae latinitatis actorum Transylvaniae, Moldaviae et Transalpinae historiam illustrantium*, Bukarest 2010sqq.
[A–C]

P. Sella, *Glossario Latino Emiliano*. Rom 1937

P. Sella, *Glossario Latino Italiano*. Stato della Chiesa – Veneto, Abruzzi, Rom 1944

F. Semi, *Glossario del latino medioevale istriano*, Venedig 1990

A. Sleumer, *Kirchenlateinisches Wörterbuch*, Limburg a. d. Lahn ²1926

A. Souter, *A Glossary of Later Latin to 600 A. D.*, Oxford ²1957

Thesaurus Linguae Latinae, Leipzig 1900sqq.
I: A–Amyzon; II: an–Byzeres; III: C–comus; IV: con–cyulus; V,1: D; V,2: E; VI,1: F; VI,2: G; VI,3: H; VII,1: I–intervulsus; VII,2,1: intestabilis–K; VII,2,2: L; VIII: M; IX,1: N–nemo; IX,2: O; X,1,1: P–perimelides; X,1,2: perimetros–porrus; X,2,1: porta–primaevitas; X,2,2: primaevus–pyxodes; XI,2: r–regnum

U. Westerbergh / E. Odelman, *Glossarium mediae latinitatis Sueciae*, t. 1–2, Stockholm 1968–2002

(Stand I 2019)

Das hilfreichste dieser Lexika ist dasjenige von Georges, in dem auch das Vokabular der Kirchenväter schon erfaßt ist (und dessen Übersetzungen sehr gutes Deutsch vorschlagen); es ist zu einem erschwinglichen Preis zu erwerben. Nach der 'Stuttgarter Vulgata' die wichtigste Anschaffung für den (deutschsprachigen) Mittellateiner.

VIII

Zu Metrik, Rhythmik, Dichtungsformen

Hier beschränkt sich die Einführung darauf, einige Grundtatsachen in Erinnerung zu rufen. Antikes lateinisches Dichten ist verschieden von dem in *allen* modernen europäischen Sprachen; denn der antike Vers wird durch Quantitäten (Längen und Kürzen) konstituiert, der moderne Vers durch den Akzent. Außerdem ist für uns der Reim ein Sprachelement, das in Richtung Dichtung weist; das ist er beim Römer nicht. Im Gegenteil: Der Reim ist im klassischen Latein viel eher ein Schmuckelement der Prosa[1].

Der Einbruch im antiken System liegt im dunklen III. Jahrhundert. Quintilian hatte in seinen *Institutiones* I,7,1 eingeschärft: *malus* <*utrum*> *arborem significet an hominem non bonum, apice distinguitur* «ob *mālus* einen Baum bezeichnet oder *[mălus]* einen unguten Menschen, das unterscheidet man durch ein Längezeichen». Ebenso war *pōpulus* «die Pappel» zu unterscheiden von *pŏpulus* «das Volk». Wenn nun im III. Jahrhundert die lateinische Bibel auftritt, darf man füglich daran zweifeln, ob der Vorleser bei den Improperien am Karfreitag *(Popule meus, quid feci tibi?)* darauf geachtet hat, daß er «das Volk» und nicht «die Pappel» ansprach. Mt 6,13 *Sed libera nos a malo* ist ein Teil des Vaterunsers und wurde und wird mit einer Kadenz auf *malo* gesungen, die es nahezu unmöglich macht, das Wort anders zu singen als *a mālo*: nicht «von dem Bösen», sondern «von dem Apfelbaum». Für jeden Metriker ist die Krise des Quantitäten-Systems in jenen Zeiten eine weltgeschichtliche Katastrophe; den Rhetoriklehrer Augustinus hat sie nicht gestört. «Ob einer ignoscere in seiner dritten Silbe lang oder kurz ausspricht, kümmert jenen nicht viel, der Gott um Verzeihung seiner Sünden bittet» *utrum ignōscĕre producta an correpta tertia*

[1] Norden, *Die antike Kunstprosa*, ²1909, p. 847sqq.

syllaba dicatur, non multum curat, qui peccatis suis deum ut ignoscat petit[2]. Trotzdem ist die Lehre von den Quantitäten nicht untergegangen; sie hat sich aus dem Alltagsleben in die Schule geflüchtet, dort überlebt und ist literarisch produktiv geblieben bis zu den hübschen Duodez- und Sedezbändchen mit neulateinischen Gedichten aus dem XVII. und XVIII. Jahrhundert.

Von den metrischen Dichtungsformen hielten sich im Mittelalter vor allem der Hexameter, der Pentameter, der phaläkeische Elfsilber und die sapphische Strophe[3]. Die Form des Hexameters und Pentameters hat präsent, wer sich für Literatur interessiert. Diesen Metren kommt zu Hilfe, daß sie sich gut in die modernen Sprachen übertragen lassen. Goethe hat im *Reineke Fuchs* und in *Hermann und Dorothea* gezeigt, was man mit daktylischer Dichtung im Deutschen machen kann: «Pfingsten, das liebliche Fest, war gekommen; es grünten und blühten/ Feld und Wald; auf Hügeln und Höhn, in Büschen und Hecken ...» Man kann im Deutschen bei der Übersetzung eines Hexameters manche lateinische Besonderheiten recht genau nachahmen:

parturient montes, nascetur ridiculus mus

so lautete ein sprichwörtlicher Vers (139) aus der *Ars poetica* des Horaz, der auch in den Vorrat der sprichwörtlichen Redensarten der Deutschen übergegangen ist: «Die Berge kreißen, und ein Mäuslein wird geboren.» Der Vers des Horaz hat einen metrischen Clou, der ihn erst recht lächerlich macht, nämlich das einsilbige Wort am Ende des Hexameters. Kein metrisches Lehrbuch verbietet es, und doch weiß der Leser römischer Hexameterdichtung, daß solch ein Schlußwort im Hexameter besonderen Fällen vorbehalten ist, z. B. der Maus, die das Endergebnis von geradezu tektonischer Bewegung ist. In der deutschen Übersetzung von Johann Heinrich Voß (1751–1826) ist das geschickt umgesetzt. Mit einer Stolperschwelle im Rhythmus und einem unpassenden Binnenreim wird derselbe formale Effekt erzielt:

---

[2] Augustinus, *De doctrina christiana* II,13,19.

[3] D. Norberg, *Introduction à l'étude de la versification latine médiévale*, Stockholm 1958; P. Klopsch, *Einführung in die mittellateinische Verslehre*, Darmstadt 1972.

«Schauet den kreißenden Berg, wie er aufschwillt! Komm doch heraus, Maus!»[4]

Für den Hexameter und Pentameter, das Elegische Distichon, hat Schiller das Rezept geliefert:

«*Im Hexameter* steigt des Springquells flüssige Säule.
Im Pentameter drauf fällt sie melodisch herab».[5]

Matthias Claudius hat Schillers Distichon mit folgender Parodie[6] verspottet:

«*Im Hexameter* zieht der ästhetische Dudelsack Wind ein;
Im Pentameter drauf läßt er ihn wieder heraus».

Die Form des Distichons haben viele 'im Ohr', so konnte es sich Johannes Bobrowski (1917–1965) erlauben, unter dem Titel *Kollegial* folgendes Epigramm in ironisch gestelzten Hexametern (mit einem Enjambement von Vers 3 auf Vers 4) und Pentametern über unser Rezensionswesen zu publizieren (Abb. 28):

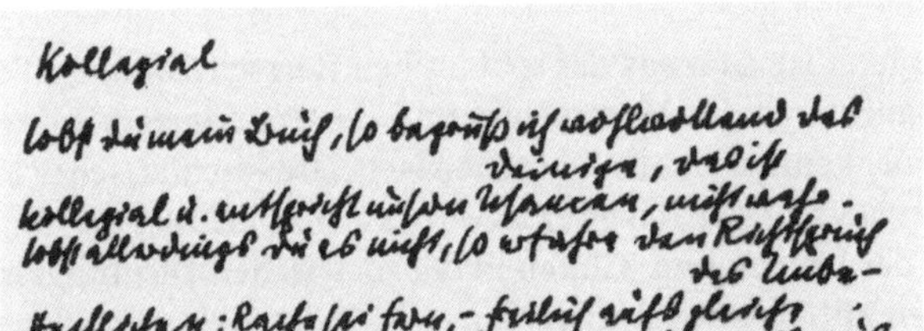

«Lobst du mein Buch, so begrüß ich wohlwollend das deinige, das ist kollegial und entspricht unsern Usancen, nichtwahr.
Lobst allerdings du es nicht, so erfahre den Richtspruch des Unbestechlichen; Rache sei fern – freilich aufs gleiche kommts raus».

Abb. 28 Autograph von Johannes Bobrowski. Er schreibt die gotische Kursive, die in ihrer letzten, bis 1941 im deutschen Sprachgebiet unterrichteten Form Sütterlin-Schrift hieß.

---

4 J. H. Voss, *Des Quintus Horatius Flaccus Werke* t. 2, Braunschweig ^{3}1822, p. 287.

5 F. Schiller, *Sämtliche Werke* t. 1, ed. G. Fricke, München ^{3}1962, p. 251sq.

6 M. Claudius, *Sämtliche Werke*, ed. J. Perfahl, München 1976, p. 940.

Für die Hunderttausende von Hexametern und Zehntausende von Pentametern, die im lateinischen Mittelalter gedichtet wurden, stehe als Beispiel das bissigste Epigramm der Karolingerzeit[7]:

Hic iacet Hincmarus cleptes vehementer avarus:
Hoc solum gessit nobile, quod periit

«Hier liegt Hinkmar, ein Dieb und Geizhals/ 'Seine einzige edle Tat war, daß er starb'». Geschrieben hat es Iohannes Scottus, der Griechischkenner, der für Karl den Kahlen (840–877) arbeitete, und gemeint ist Erzbischof Hinkmar von Reims (845–882). Dieser hatte gegen die neue Mode polemisiert, aus Glossaren aufgelesene griechische Wörter ins Lateinische zu mischen. Der boshafte Ire hat für seinen ersten Hieb genau eines dieser griechischen Wörter (*cleptes*) in den Hexameter eingebaut, die Hinkmar so sehr ärgerten. Bei einer Neuedition des Epigramms (die nötig wäre) könnte man überlegen, ob auf Grund der griechischen Spuren in der Überlieferung dieses Textes der Hexameter so dargestellt werden sollte[8]:

Hic iacet ΗΙΓΚΜΑΡΟϹ ΚΛΕΠΤΗϹ ***uehementer auarus***

Der Pentameter ist Zitat aus der spätantiken Herrscherbiographie[9].

Die Baugesetze des Hexameters und des Pentameters sollte der Mittellateiner kennen; denn nicht selten ist bei fragmentarischer Überlieferung etwas zu ergänzen oder zu verbessern. Die Prosodie, d.h. der Gebrauch der Längen und Kürzen in der metrischen Dichtung, ist im lateinischen Mittelalter viel korrekter, als sich das viele vorstellen[10]; da

[7] Iohannes Scottus, *Carm.* 10, MGH Poetae t. 3, p. 553; Ausgabe in drei Varianten M. W. Herren, *Iohannis Scotti Eriugenae carmina*, Dublin 1993, p. 126.

[8] W.B., *Griechisch-lateinisches Mittelalter*, p. 156 n. 68.

[9] Ausonius, *Tetrasticha de Caesaribus* Otho 8,4.

[10] Hier ist es lehrreich, eine Edition Paul Lehmanns, die dieser zusammen mit seinem jungen Studenten Bernhard Bischoff publizierte (*Pseudo-antike Literatur des Mittelalters*, Leipzig/Berlin 1927, p. 51–63: Anonyme Pyramusdichtung, inc. *Ocia si veniunt, iam mens torpescit ab intus*) mit der Rezension zu vergleichen, die Karl Strecker unter dem Titel «Ovidianische Verskunst im Mittelalter», *Hermes* 62, 1927, p. 243–250 publizierte. Lehmanns Buch wurde 1964 in Darmstadt nachgedruckt ohne Hinweis auf die sachlich und methodisch unentbehrliche Rezension Streckers.

sie in der Schule gelernt wurde, gab es kaum Freiheiten und metrische Lizenzen. Man muß also – um ein Beispiel zu nennen – in dem zum Anhang der Walahfrid-Gedichte (*Carm.* 60) gehörenden Freundschaftsgedicht *Hartperto superi* ... der Versuchung widerstehen, am Ende des 4. Verses *Pēctŏrĕ sūb fīdō dēvōtūs nūntĭăt*: *Notker* einzusetzen, obwohl das Gedicht in einer sanktgallischen Handschrift genau aus seiner Zeit überliefert ist (Abb. 29) und obwohl das Freundschaftsgedicht in den Stil des Notker-Kreises paßt und der Name *Notker* von einer Hand des XV. Jahrhunderts am Rand angefügt wurde. Der Grund dafür ist der Hexameterschluß — ◡ ◡ | — ⏓, der eine lange Silbe an drittletzter Stelle in unserem Fall nicht erlaubt (Durch die Anfangsbuchstaben von *Notker* würde die letzte Silbe von *nuntiat* positionslang werden).

Werden Hexameter und Pentameter in klassizistisch imitativer Weise geschrieben, so entstehen heutzutage noch literaturgeschichtliche Probleme. Man spricht von einer 'Koiné der daktylischen Dichtung'. Die Ausdrucksweise dieser Dichtungen ist stark traditionsbestimmt; ein Autor, der es auf Imitation oder antikes Kolorit abgesehen hat, kann sich nahezu restlos der Formulierungen Vergils und der anderen Klassiker der daktylischen Dichtung bedienen. Das Datierungsproblem des *Waltharius* beruht auf seiner hexametrischen Form.

Die Schwankungen zwischen «karolingisch» und «ottonisch» bei der Datierung dieses einzigen germanischen Epos in lateinischer Sprache sind noch gering, wenn man vergleicht, wie die Gelehrten den Elegiker Maximianus datierten; hier gingen die Meinungen bereits um vier Jahrhunderte auseinander. Extrem liegen die Verhältnisse bei dem 1946 wiederentdeckten Bukoliker Marcus Valerius. Hier wird einerseits ins XII., andererseits ins VI. Jahrhundert datiert. Wie einst in der paläographischen Debatte um den «Vergilius Augusteus», ist die Wissenschaft (noch) nicht in der Lage einen Datierungsirrtum von 600 Jahren auszuschließen.

Leichter hat es die nach Ort und Zeit fragende Literaturwissenschaft, wenn die antiken Verse im Mittelalter nicht unverändert gebraucht werden. Die bedeutendste Variation eines antiken Verses im Mittelalter ist der gereimte Hexameter und Pentameter. Diese Art des Versbaus wird um die Mitte des IX. Jahrhunderts modern. Der leoninische Hexameter tritt auf. Leoninisch ist ein Hexameter, wenn seine

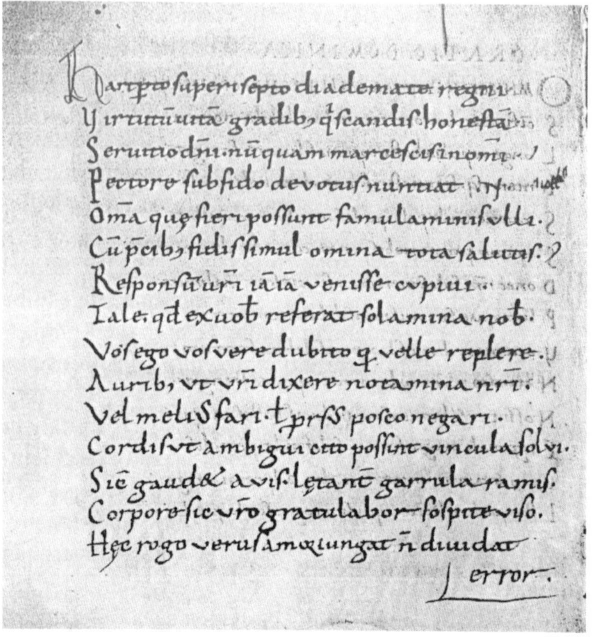

Abb. 29 Freundschaftsgedicht an den Kreis des Notker Balbulus, geschrieben in karolingischer Minuskel des sanktgallischen «Hartmut-Stils»: kralliges m, Doppelform u/v, um 900. St. Gallen, Stiftsbibliothek 869, p. 257. Originalgröße des ganzen Blatts 16,5 × 13 cm.

Schlußsilbe mit einer Hebung eines der vorhergehenden Füße reimt. Daneben gibt es den leoninischen Pentameter. Hier ist die Reimstelle gebunden. Die Schlußsilbe muß mit der Silbe vor der Zäsur reimen[11].

In der Anfangsphase der gereimten daktylischen Dichtung ist die Erscheinung festzustellen, daß manche Dichter den Reim im Pentameter suchen, im Hexameter aber meiden, z. B. der um 863–877 schreibende Agius von Corvey, oder der Verfasser der Tituli in der Kirche Reichenau-Oberzell (VI: Auferweckung des Jünglings von Naim)[12]:

[11] Strecker, «Studien zu karolingischen Dichtern V: Leoninische Hexameter und Pentameter im 9. Jh.», NA 44, 1923, p. 213–251.

[12] W.B., *Mittellateinische Studien* <t. 1>, Heidelberg 2005, p. 215–228, hier p. 222.

Mortue, surge citus residensque loquensque revive!
*Sic matris vid**uae** tristia cuncta ab**ole**!*

«Toter, steh rasch auf ‘und indem du dich aufrichtest und zugleich sprichst’, gehe ins Leben zurück! / Vertreib so alle Trauer deiner verwitweten Mutter.» Später wird der Reim zweisilbig ausgebaut, und neue Formen der gereimten Hexameter treten auf[13]:

Caudati		—	(Endreime)
		—	
Collaterales	—	xxxxx	(Reime an derselben Zäsurstelle
	—	xxxxx	und am Ende)
Cruciferi	—	xxxxx	(Zäsur reimt mit dem Ende des folgenden
	xxxxx	—	Verses; Ende reimt mit der Zäsur des folgenden Verses)
Unisoni	—	—	(Derselbe Reim in Zäsur und am Ende,
	—	—	auch im folgenden Vers)

Ein Höhepunkt der Reimtechnik im Hexameter ist der Trininus saliens, der dreigeteilte gereimte Hexameter[14]:

*Plus qu**eris**, / nec plenus **eris**, / donec mori**eris***

«Immer mehr willst du, nie hast du genug, bis du stirbst,» der auch mit zwei Reimen auskommt, wenn dafür eine Reimverbindung mit dem folgenden Vers möglich ist[15]:

*Stella m**aris**, quae sola p**aris** sine coniuge prolem,*
*Iusti**tie** clarum spe**cie** super omnia solem*

«Meerstern, der allein du gebierst ohne Gatten den Sohn, / die Sonne der Gerechtigkeit, die alles überstrahlt.» Das XII. Jahrhundert hat diese Technik auf den Höhepunkt geführt. Gleichzeitig setzte die Reaktion ein. Marbod von Rennes kritisierte im *Liber decem capitulorum* sein

---

[13] Terminologie nach W. MEYER, *Gesammelte Abhandlungen zur mittellateinischen Rythmik* t. 1–2, Berlin 1905; t. 3, ed. W. Bulst, 1936.

[14] *Carmina Burana* 2,5.

[15] Marbod v. Rennes, AH 50, p. 393 nr. 302.

früheres Dichten als jugendliche Verirrung. Der gereimte Vers überziehe alles mit derselben Farbe[16].

Der phaläkeische Elfsilber im Schema – – – ⏑ ⏑ ¦ – | ⏑ – ⏑ – ⏓ wird in der Hierarchie von Beda *De arte metrica* 17 gleich hinter Hexameter und Pentameter gestellt. Er erscheint wie im Hymnus des Walahfrid Strabo (*Carm.* 21 inc. *Felix Gallia*) auf die Thebaische Legion bisweilen in Strophen zu drei oder vier Versen. Vorbild dafür ist der spätantike Dichter Prudentius (*Peristephanon* 6 inc. *Felix Tarraco*). Sonst verwendet man ihn ohne Strophenteilung (stichisch), und in der neulateinischen Dichtung gibt es nicht selten ganze Büchlein in diesem als catulltypisch geltenden Vers, etwa die mit viel barockem Charme gedichteten *Silvulae hendecasyllaborum* (Luzern 1635 u. ö.) des Jesuiten Jakob Bidermann (1578–1639).

Ferner ist im lateinischen Mittelalter die sapphische Strophe wichtig. Sie besteht aus drei sapphischen Elfsilbern und einem Adoneus – ⏑ ⏑ – ⏓. Die historisch wirkungsvollste sapphische Strophe wird dem Paulus Diaconus zugeschrieben; sie ist die Anfangsstrophe eines Gedichts auf Johannes den Täufer[17]:

> ***Ut** queant laxis **re**sonare fibris*
> ***Mi**ra gestorum **fa**muli tuorum,*
> ***Sol**ve polluti **la**bii reatum,*
> *Sancte Iohannes.*

«Damit deine Diener vermögen, gelockert / die Wunder deiner Taten widerhallen zu lassen, / löse der befleckten Lippen Schuld, / heiliger Johannes.» Aus dieser Strophe hat Guido von Arezzo in der ersten Hälfte des XI. Jahrhunderts die Solmisation entwickelt, d.h. eine Methode, die verschiedenen Intervalle durch Merksilben zu veranschaulichen. Diese Merksilben leben als Bezeichnungen z. T. noch in den romanischen Sprachen fort: **ut-re-mi-fa-sol-la**, während die nördlichen Länder zu einer mechanischen Tonbezeichnung übergegangen sind: c-d-e ...

---

16 Marbod v. Rennes, *Liber decem capitulorum* I. De apto genere scribendi v. 29–31: *Est aliud, quare puto continuare canoros / versus absurdum: quoniam color unus ubique / nil varium format ...*, ed. Bulst, Heidelberg 1947, p. 5; ed. R. Leotta, Rom 1984, p. 65.

17 Paulus Diaconus, *Appendix carm.* 54, MGH Poetae t. 1, p. 83.

Die sapphische Strophe ist in den modernen Nationalsprachen weniger verwurzelt als der Hexameter; sie hat aber Anhänger gefunden, im Deutschen z. B. mit Klopstock und Hölderlin. Die Germanistik spricht von sapphischen *Oden*; das charakterisiert den gehobenen Ton, den solche Formen gewöhnlich im Deutschen haben.

Die folgenreichste Neuerung in der Poesie von Spätantike und Mittelalter war die Einführung des rhythmischen Prinzips. Beim rhythmischen Dichten bestimmen Silbenzahl und Wortakzent die Struktur des Verses. Augustinus, der gegenüber der Quantität von ignōscĕre so gleichgültige Kirchenvater, hat einen rhythmischen Psalm gedichtet, weil er wollte, daß sein Anliegen «zur Kenntnis gerade des niedersten Volkes und überhaupt der Unwissenden und Einfältigen gelangt»[18]. Zum literarisch Besten, was Oberitalien im VIII./IX. Jahrhundert hervorgebracht hat, gehören rhythmische 15Silber, z. B. das Exlibris des Pacificus von Verona (Abb. 30)[19]:

Abb. 30 Autographes Exlibris des Pacificus v. Verona in früher karolingischer Minuskel: Paris, BN lat. 1924, fol. 1^{r}. Ausschnitt, Originalgröße des ganzen Blatts 26 × 17,5 cm.

Quisquis latro hunc libellum furto si abstulerit,
Illius latronis diri ad sinistram positi
Sociare poenis miser in inferno noverit.

«Welcher Räuber auch immer dieses Buch durch einen Diebstahl an sich bringt, / er soll wissen, daß er armselig in der Hölle die Strafen des schrecklichen Räubers teilen wird, / der zur Linken [Jesu Christ] hing.»

---

[18] Bulst, *Hymni latini antiquissimi*, Heidelberg 1956, p. 21.

[19] W.B., «Vier karolingische Exlibris», *Mittellateinische Studien* <t. 1>, Heidelberg 2005, p. 169–178, hier p. 173sq.

Im Hohen Mittelalter wurden Formen gefunden, die Ulrich von Wilamowitz-Moellendorff zu dem Dictum veranlaßt haben: «Die lateinische Dichtung erreicht erst dann ihr Höchstes, als sie in den neuen rhythmischen Formen einen Reichtum erringt, den die Römer nie besessen haben»[20]. Dieser rhythmische Reichtum ist aus vielen liturgischen Dichtungen des Mittelalters bekannt, z. B. dem *Pangue lingua* oder dem *Stabat mater*.

Neben den übernommenen oder modifizierten metrischen und den in der Spätantike entstandenen rhythmischen Dichtungen gibt es eine Gruppe von Dichtungsformen, die sich im Mittelalter selbst entwickelt haben und die fast restlos in der Moderne wieder verschwunden sind. Es sind Formen, die aus der Liturgie erwuchsen, dem am intensivsten kultivierten Gebiet des Mittellateinischen. Alle haben in der Karolingerzeit ihre entscheidende Gestaltung empfangen. In der Reihenfolge ihres Auftretens mit einem namhaften Autor sind das Sequenz, Tropus, Offiziendichtung. Der erste namhafte Sequenzendichter ist Notker I. von St. Gallen († 912)[21], der erste namhafte Tropendichter Tuotilo von St. Gallen († 913), die ersten namentlich bekannten Offiziendichter sind Bischof Radbod von Utrecht (899–917)[22] und Bischof Stephan von Lüttich († 920). Die Sequenz ist eine Dichtung zur Alleluiamelodie zwischen Epistel und Evangelium im Wortgottesdienst der Messe, der Tropus eine Erweiterung eines bekannten Textes durch textlich passende Ergänzungen, die Offiziendichtung ist eine Gruppe von Texten zu einem Festtag, die als Antiphonen und Responsorien zu den diversen Tagzeiten des Stundengebets gesungen werden.

Die Entstehungsgeschichte der Sequenz ist ein faszinierendes Kapitel der Literaturgeschichte. Zuerst ist einfach eine Melodie da, eine lange Schlußkadenz auf das Endungs-a von *Alleluia*. Dann wird die Melodie Note für Note mit einer Silbe unterlegt; Poesie entsteht aus Musik. Das einzige Formgesetz, das für die Sequenz am Anfang gilt, ist der Parallelismus, der schon durch die beiden Hälften des Mönchchores bedingt ist, welcher die Sequenz singt. Im übrigen ist der Text der frühen

---

[20] U. von Wilamowitz-Moellendorff, Geschichte der Philologie, in *Einleitung in die Altertumswissenschaft*, edd. A. Gercke / E. Norden, t. 1 fasc. 1, Leipzig 1921, p. 9.

[21] Von den Steinen, *Notker der Dichter und seine geistige Welt*, Bern 1948.

[22] MGH Poetae t. 4, p. 163–165 (a. 903).

Sequenz frei psalmodierend ohne auffällig metrische, rhythmische und reimende Bindung. In einer mittleren Phase treten langsam die Reime auf, in der dritten Phase ist die Sequenz komplett rhythmisch und gereimt.

Im römischen Meßbuch stehen noch fünf Sequenzen, leider keine von Notker, dem Meister der ersten Phase, und keine von Adam von St. Victor, dem überragenden Sequenzendichter der dritten Entwicklungsstufe. Aber wenigstens die zweite Stilstufe ist mit einem repräsentativen Beispiel vertreten. Wipo, Hofkaplan unter den Kaisern Konrad II. und Heinrich III., ist der Verfasser der Ostersequenz

Victimae paschali laudes
immolent christiani.
Agnus redemit oves;
Christus innocens patri
reconciliavit peccatores.
Mors et vita duello
conflixere mirando ...

Was ein Tropus ist, kann an einem modernen, zufällig aufgelesenen Beispiel klargemacht werden: « *Vater unser, der du bist im Himmel* meines Herzens, wenn es auch eine Hölle zu sein scheint: *geheiligt werde dein Name*, er werde angerufen in der tödlichen Stille meines rastlosen Verstummens; *dein Reich komme*, wenn alles uns verläßt; *dein Wille geschehe*, auch wenn er uns tötet; *unser tägliches Brot gib uns heute*, laß uns auch darum bitten, damit wir ... wenigstens an unserem Hunger merken, daß wir arme unwichtige Geschöpfe sind; *befreie uns von unserer Schuld und behüte uns in der Versuchung* vor der Schuld und Anfechtung, die eigentlich nur eine ist: nicht zu glauben an dich und deine Liebe.»

Hier hat der Theologe Karl Rahner das Vaterunser aufgefüllt ('tropiert') mit seinen eigenen Ideen (und beiläufig die letzte Vaterunser-Bitte *und führe uns nicht in Versuchung* uminterpretiert). – Eine moderne Form des Tropus begegnet im dritten Gedichtband des Mittellateiners Massimo Oldoni, der in Titel und Typographie einen Hinweis gibt, daß da etwas im Hintergrund mitschwingt[23]:

[23] M. Oldoni, *Calle del fumo*. Poesie 1991–2003, Salerno 2003, p. 51. Die kursivier-

Lauda secunda
Altissimo onnipotente bon Signore
non so come comincia una preghiera
né so serva ancora dirne una
dopo quella imbattibile del ricco
che renunciando ai beni prende il mondo
Et nullo omo ène dignu te mentovare.

Die Offiziendichtung ist die für das moderne Verständnis schwierigste poetische Neuschöpfung der Karolingerzeit; noch enger als bei den vorgenannten Genera ist der Zusammenhang mit Musik und Liturgie[24]. Hier verläuft wie bei den anderen genannten typisch mittellateinischen Dichtungsformen die Entwicklung vom relativ freien Text in der Karolingerzeit zur zunehmenden metrischen oder rhythmischen und reimenden Bindung im Lauf des Mittelalters («Reimoffizium»).

Für den Mittellateiner, der mit einem solchen Text – einer *historia*, wie der im Mittelalter geläufige Begriff dafür heißt[25] – zu tun hat, ist die wichtigste Unterscheidung die zwischen einem Offizium im *Cursus monasticus* und einem in der Form des *Cursus Romanus* (*saecularis*)[26]. Die erstgenannte Form ist die der Benediktiner, Zisterzienser und Kartäuser, die zweite etwas kürzere Form, die der Domherren, Augustinerchorherren und der jüngeren Orden wie Dominikaner und Franziskaner. Oft wurden Offizien, die für den *Cursus monasticus* gebaut waren, in den *Cursus Romanus* ummodelliert, und umgekehrt.

---

ten Verse stammen aus dem «Sonnengesang des hl. Franz». Es sind nur einzelne Verse des «Sonnengesangs» tropiert.

24 *Die Offizien des Mittelalters.* Dichtung und Musik, edd. W.B. / D. Hiley, Tutzing 1999.

25 Diese Bedeutung von *historia* ist bisweilen mißverstanden worden. So schreiben z. B. W. Wattenbach / R. Holtzmann, *Deutschlands Geschichtsquellen.* Deutsche Kaiserzeit I 3, Berlin 1940, p. 537sq. über Uodalscalc von Augsburg: «Auf der Rückkehr [vom Laterankonzil 1123] von Wegelagerern gefangen arbeitete er ... die Vita [des hl. Konrad] zu einem Gedicht um». Aber die *historia*, die Uodalscalc schrieb (MGH Scriptores t. 4, 1841, p. 444), ist ein Konrad-Offizium, bestens überliefert in dem Augsburger 'Codex domesticus' Wien, Österr. Nationalbibliothek 573.

26 Über die beiden Cursus-Formen P. Wagner, *Einführung in die gregorianischen Melodien* t. 1, Leipzig ³1911, p. 128–131 und 174–187; tabellarische Übersicht M. Huglo, *Les tonaires*, Paris 1971, p. 123sq.

Die Feststellung der originalen Fassung ist nicht selten möglich, wenn man die Folge der Kirchentonarten bei den Antiphonen und Responsorien beachtet; denn viele Offiziendichter verwenden das System der 'numerischen Folge der Psalmtöne', d. h. auf die Kirchentonart (*modus*) 1 folgt 2 usw. bis 8, wo dann der Zyklus von vorn beginnt. Die Erschließung der reichen Überlieferung der *historiae* bleibt eine Aufgabe interdisziplinärer Mediävistik.

IX

Überlieferungsgeschichte

Auf Traube geht die Beschreibung der Lateinischen Philologie des Mittelalters mit folgenden vier Fachgebieten zurück:

- Schrift (Paläographie)
- Sprache (mit Metrik und Rhythmik)
- Literaturgeschichte (Neuschöpfungen des Mittelalters)
- Überlieferungsgeschichte (der antiken Literatur).

Zu seinen Lieblingsideen gehörte die Überlieferungsgeschichte. Schon um 1890 faßte er den Plan, eine Literaturgeschichte des lateinischen Mittelalters *sub specie antiquitatis* zu schreiben. Wir wissen davon durch eine fast verschollene Vorbemerkung Karl Krumbachers zur ersten Auflage seiner *Geschichte der byzantinischen Litteratur*[1]: «Die abendländische [lateinische] Litteratur [des Mittelalters] verlangt infolge ihrer inneren Verschiedenheit eine andere Behandlungsweise als die byzantinische. Da in ihr die selbständige Entwicklung zurücktritt, empfiehlt es sich, ihre Erzeugnisse ganz vom Standpunkt des Altertums aus zu betrachten d. h. nicht die Werke und Autoren als solche, sondern das *Fortleben der antiken Gattungen und Individuen in ihnen* zu beschreiben ... Diesen Plan hat L. Traube seiner Arbeit, die, wie wir hoffen, der unserigen bald nachfolgen wird, zu grunde gelegt». Traube muß bald darauf gesehen haben, daß man so nicht einmal die Karolingerzeit behandeln kann – man denke an Sequenz, Tropus, Offiziendichtung – geschweige das Hochmittelalter oder die Scholastik; er hat dann offensichtlich dafür gesorgt, daß sein Projekt in der zweiten Auflage (1897) von Krumbachers Handbuch nicht mehr erwähnt

[1] München 1891, p. 17sq. Auch bei NORDEN, *Die antike Kunstprosa*, ^{2}1909, p. 660 n. 1 wird TRAUBES Vorhaben erwähnt.

wurde. Der Plan, das ganze lateinische Mittelalter nur im Spiegel der Antike zu betrachten, *Literaturgeschichte als Überlieferungsgeschichte* zu schreiben, ist Episode geblieben und war dennoch weit gediehen. Das Grundgerüst einer solchen Literaturgeschichte steht in Traubes *Einleitung* (p. 113):

Aetas Vergiliana (saec. VIII + IX)
Aetas Horatiana (saec. X + XI)
Aetas Ovidiana (saec. XII + XIII).

«... so könnte man ungefähr die Jahrhunderte abgrenzen nach den Dichtern, die ihnen die nachahmenswertesten schienen. In der ersten Zeit herrscht das heroische Versmaß und man besingt die Heiligen, im zweiten Zeitalter neigt man in Anlehnung an Horaz zur Satire und Epistel und im dritten Abschnitt schlägt das Ovidische Distichon, in dem man sogar Komödien schreibt, alle Gegner zu Boden».

Trotz der Undurchführbarkeit einer rein überlieferungsgeschichtlichen Literaturgeschichte ist das Traubesche Schema als Denkmodell für die Verschiebung im Hintergrund des jeweils epochenspezifischen Lateins von Bedeutung. Das Schema muß allerdings ausgebaut werden, denn es gibt mindestens drei Aetates Vergilianae. Das erste vergilische Zeitalter, von dem wir Näheres wissen, ist die Zeit um 400 n. Chr. Schon in der Spätantike ist Vergil «il santo tra i poeti» (F. Sbordone). Macrobius bezeugt in seinen *Saturnalia*, daß Vergil ein unvergleichliches Ansehen in den römisch-senatorischen Kreisen der Zeit genoß. Nur von Vergil ist eine größere Reihe von Handschriften noch aus der Antike selbst überliefert. Die Klassische Philologie spricht gewöhnlich von acht Codices maiores, acht Majuskelhandschriften der Werke Vergils. Die Fortschritte der Papyrologie haben diesen Kanon längst überholt. Eine neuere Zusammenstellung führt 24 *antike* Vergilhandschriften auf, die allerdings z. T. nur noch in geringen Fragmenten erhalten sind[2]. Vergil war Schulautor; man studierte im griechischen Teil des Mittelmeerraums anhand von zweisprachigen Vergilhandschriften Latein und ließ sich von den vielen Kommentatoren, die es damals gab, darüber belehren, daß «der ganze Vergil voller Wissen» steckt: *Totus quidem Vergilius scientia plenus est.* So schreibt Servius (*In Aen.* VI,1),

---

[2] R. Seider, in *Studien zum antiken Epos*, edd. H. Görgemanns / E. A. Schmidt, Meisenheim a. Glan 1976, p. 129–172.

dem die zweite Aetas Vergiliana, die der Karolinger, zum Sieg über alle seine Konkurrenten verholfen hat[3]. Zur Zeit Karls d. Gr. hat man in Luxeuil und Tours noch den Vergilkommentar des Tiberius Claudius Donatus abgeschrieben; aber dann entschied sich die karolingische Schule für Servius.

Eine dritte Aetas Vergiliana ist im XIV. Jahrhundert anzusetzen. Vergil ist Dantes Führer durch Inferno und Purgatorio bis zur Schwelle des Paradiso in der *Divina commedia*; Vergil ist auch für Dantes jüngeren Zeitgenossen Petrarca der «poeta sovrano», wie der große Codex zeigt, den er schon in jungen Jahren besessen hat und den er um 1340 durch ein von Simone Martini in Avignon gemaltes, programmatisches Frontispiz schmücken ließ[4]. In diesem Codex steht auch die schönste der Vergilsagen des Mittelalters[5]. Sie ist in (rhythmischen) Stabat mater-Strophen gefaßt, gilt als Rest einer Sequenz und besagt, daß der Apostel Paulus einst zu Vergils Grab in Neapel kam und Tränen vergoß, daß es ihm nicht vergönnt war, Vergil noch unter den Lebenden anzutreffen und zum Christentum zu bekehren:

Ad Maronis mausoleum
ductus fudit super eum
pie rorem lacrime.
Quem te, inquit, reddidissem,
si te vivum invenissem,
poetarum maxime.

«Zum Grab Vergils geführt, / vergoß er über ihn fromm den / Tau seiner Tränen und sprach: / Was hätte ich aus dir machen können, / wenn ich dich noch unter den Lebenden angetroffen hätte, / du größter aller Dichter.» – Auch der Aetates Horatianae hat es mindestens zwei

[3] Ein neuer Überblick über die diversen Vergil-Kommentare findet sich in dem reichhaltigen Sammelband *The Virgilian Tradition*, edd. J. M. Ziolkowski / M. C. J. Putnam, New Haven/London 2008, p. 623–824.

[4] Mailand, Biblioteca Ambrosiana S.P. 10, 27 (olim A. 49. inf.), facs. G. Galbiati, Mailand 1930. Cf. Frontispiz dieser Einleitung.

[5] Von Petrarca selbst gedichtet? Die handschriftliche Überlegung deutet in diese Richtung, cf. W.B., «Glossierte Virgil-Handschriften dreier Aetates Virgilianae», *The role of the book in medieval culture* t. 2, ed. P. Ganz, Turnhout 1986, p. 115–127, hier p. 117 n.8.

gegeben. Wer Jakob Balde, den «deutschen Horaz», genießen will, oder Kasimir Sarbiewski, den «polnischen Horaz», oder einen anderen der vielleicht 500 Poetae minores jenes Zeitalters, tut gut daran, vorgängig seinen Horaz zu lesen. Horaz ist für die lateinische Lyrik des Zeitalters der Hintergrund, vor dem sich Imitatio und Renovatio abspielen. Man muß wissen oder wenigstens spüren, wovon der barocke Dichter der zweiten Aetas Horatiana ausgeht, um sagen zu können, wohin er zielt. Wenn Jakob Balde zum Beginn des Marienmonats Mai 1641 schreibt[6]:

Sic o saepe veni, Diva, decentium
Mater blanda cupidinum

«O so komm denn oft, Göttliche, freundliche / Mutter aller schicklichen Begierden», so steht das für manchen modernen Leser auf einer Grenze von Erotik und Religiosität. Hört man aber im Hintergrund die *Mater saeva cupidinum* «die unbarmherzige Gebieterin Venus», die Horaz (*Carm.* I,19) die Sinne raubt, dann erkennt man, daß hier nicht einfach die antike Göttin mit der christlichen Gottesmutter in eins gesetzt wird, sondern daß bei allem heidnischen Eros doch auch ein Stück christlicher Agape erscheint.

Traube ist mit seinem überlieferungsgeschichtlichen Konzept auf ein wichtiges Phänomen der späteren Latinität gestoßen: Man muß sie vor einen Hintergrund stellen, um sie recht zu sehen und zu verstehen; die Autoren des Mittelalters und der Neuzeit standen unter dem Eindruck übermächtiger Vorbilder. Zu diesen Vorbildern gehören natürlich auch die Bücher der lateinischen Bibel und die Schriften der Kirchenväter. Theoretisch ist der gewaltige Vorrat lateinischer Modelle fast immer komplett verfügbar; in praxi aber wechseln die Vorbilder von Epoche zu Epoche, und dieser Wechsel der 'Kulissen' bewirkt, daß jede Epoche trotz relativ fester und einheitlicher lateinischer Literatursprache doch wieder einen jeweils eigenen Stil, ihren Epochenstil hat.

Manch ein Autor ging seinen eigenen Weg. Einhart z. B., als er seinen Karl nicht vergilisch besungen, sondern *suetonisch* charakterisiert hat. Einhart ist bewußt einen Sonderweg gegangen, weil Karl für ihn ein besonderer war, den er als unnachahmlich, einzigartig darstellen

---

[6] J. Balde, *Carmina lyrica* IV,40, ed. B. Müller, Regensburg 1884 (repr. Hildesheim/New York 1977), p. 381. Das Incipit der Ode ist *O quam te memorem, Dea.*

wollte[7]. In der Sache ist Einhart als Herrscherbiograph allein in seiner Zeit. *Methodisch* aber verfährt er wie die meisten anderen mittel- und neulateinischen Autoren. Er stellt seinen Gegenstand vor einen Hintergrund eines älteren Autors, eines vorbildlichen Literaturwerks; er schreibt wie viele andere und oft die besten im Mittelalter und in der Neuzeit, einen «Hintergrundstil», arbeitet intertextuell. Einhart ist ein Vorläufer einer 'Aetas Suetoniana' der Biographie, die mit Petrarca ihren Höhepunkt erreicht. Noch vor Petrarcas Tod (1374) beginnt die 'Aetas Plutarchiana' der Biographie, die erst im XIX. Jahrhundert endet[8].

Den Umfang der Überlieferung mögen abschließend Zahlen verdeutlichen: Ist die Anzahl der bewahrten lateinischen Handschriften bis zum Jahr 800 mit 1884 Zeugnissen noch gering, sind aus dem IX. Jahrhundert bereits fast 8000 erhalten, und die Gesamtzahl der mittelalterlichen lateinischen Manuskripte wird auf eine halbe Million geschätzt. Wenn das *Compendium Auctorum Latinorum Medii Aevi*, Florenz 2000sqq. beendet sein wird, werden ca. 15 000 namentlich bekannte mittellateinische Autoren verzeichnet sein.

---

7 Cf. *Biographie und Epochenstil* t. 3, p. 217–220.

8 R. Hirzel, *Plutarch*, Leipzig 1912. W.B. «Sueton und Plutarch im XIV. Jahrhundert», *Mittellateinische Studien* <t. 1>, Heidelberg 2005, p. 357–363 (Lit.).

X

Literaturgeschichte

Der Zugang zum Fach Mittellatein ist am leichtesten auf dem Gebiet der Literaturgeschichte. Schon bevor es Mittellatein als Universitätsfach gab, hat Adolf Ebert eine gründlich recherchierte, vorzüglich geschriebene und überlegt proportionierte *Allgemeine Geschichte der Litteratur des Mittelalters im Abendlande bis zum Beginne des XI. Jahrhunderts* publiziert (repr. 1971). Diese Geschichte umfaßt neben der lateinischen auch die volkssprachliche Literatur in ihren Anfängen «bis zum Beginn des XI. Jahrhunderts». 1891 trat der zeit seines Lebens an der Schule tätige Max Manitius als Literaturhistoriker auf den Plan mit einer Gattungsgeschichte: *Geschichte der christlich-lateinischen Poesie bis zur Mitte des 8. Jahrhunderts.* Ludwig Traube, der damals den Kopf voll eigener literaturgeschichtlicher Pläne hatte, hat das Buch gleich zweimal in der Luft zerrissen. In der Zeitschrift der MGH sagt er[1], es sei nichts «als eine breitspurige Erzählung des Inhalts. Die verstechnischen Anmerkungen, die immer noch eine gewisse Schärfe und die nöthige Vorsicht vermissen lassen, geben dem Buch einen bedingten Werth, während dieses selbst so flüchtig und lückenhaft ist, daß es auch zum Nachschlagen nicht empfohlen werden kann. Ich trete den Beweis im Anzeiger für deutsches Alterthum an.» Dort trieb Traube die Auseinandersetzung so weit, daß er am Ende dem Autor Manitius noch die Widmung um die Ohren schlug[2]: «nur sei schließlich als curiosum erwähnt, daß diese geschichte der christlich-lateinischen poesie ‹Herrn Geh. Reg.-Rat Wilhelm Wattenbach› von M. Manitius gewidmet wurde: dem gewissenhaftesten forscher von dem naivsten dilettanten».

Es war ein Glück für das Fach Mittellatein, daß sich Manitius durch

[1] NA 17, 1892, p. 456.

[2] *Anz. für deutsches Alterthum und deutsche Litteratur* 18, 1892, p. 203–213.

diese wüste Aggression nicht aus der Bahn werfen ließ. Wir verdanken ihm die nach wie vor maßgebende *Geschichte der lateinischen Literatur des Mittelalters* in drei Bänden (1911–1931). Wer mit diesem Werk länger arbeitet, durchläuft mehrere Phasen in seiner Wertschätzung. Am Anfang ist man ein dankbarer Benützer. Das Werk ist einigermaßen übersichtlich gegliedert und durch Register hervorragend erschlossen. Man findet rasch ausgiebige Informationen zu fast allen wichtigen Autoren und Werken von Boethius bis zum *Ludus de Antichristo*. Allgemeines und Detailliertes werden getrennt; «Zeugnisse» zu Leben und Werk und «Überlieferung» der Werke erscheinen jeweils in gesonderten Abschnitten in Petitdruck und verweisen ohne Umschweife auf die Quellen der Information.

Zweite Phase: Das Mißvergnügen. Wer aus eigenem Studium einen Autor oder ein Werk des lateinischen Mittelalters genauer kennt, findet leicht Manitius' Darstellung oberflächlich, trivial, ungenießbar. Der literarische Horizont des Manitius ist beschränkt, seine deutsche sprachliche Kultur beklagenswert. Im Grunde bietet Manitius gar keine Literaturgeschichte als Geschichte von Epochen, Gattungen oder literarischen Bewegungen, sondern repetiert das uralte Muster des Buchtyps «De viris illustribus»[3], in dem schon in Spätantike und Mittelalter Literaturgeschichte geschrieben wurde. Es handelt sich um einen breit angelegten, grob chronologisch geordneten Schriftstellerkatalog, den man in ein Autorenlexikon auflösen könnte. Der Katalog ist überdies unvollständig. Schon im XII. Jahrhundert läßt uns Manitius teilweise im Stich; die enorme quantitative, qualitative und geographische Expansion des Lateinischen in den Werken eines Albertus Magnus, Bonaventura und Thomas von Aquin fällt völlig aus. Die Zäsuren zwischen den einzelnen Bänden liegen willkürlich und zufällig.

Dritte Phase: Ein bescheidener gewordener, wieder dankbarer Benützer. Von den zur Verfügung stehenden Literaturgeschichten des lateinischen Mittelalters reicht Manitius immer noch am weitesten. Versuche, ihn zu ersetzen[4], sind methodisch auf halbem Wege steckengeblieben und chronologisch nicht über Manitius hinausgekommen. Für das, was noch fehlt an einer kompetenten lateinischen Literaturge-

---

[3] Die Geschichte dieses Buchtyps über das XII. Jahrhundert hinaus ist ein Desiderat.

[4] F. Ermini, ein Band postum, 1960; F. Brunhölzl, zwei Bände, 1975 und 1992.

schichte des Mittelalters, hat man wenigstens den Grundriß in Gustav Gröbers *Übersicht über die lateinische Litteratur von der Mitte des VI. Jahrhunderts bis zur Mitte des XIV. Jahrhunderts*[5]. Was Frankreich betrifft, kann man die schon von den Maurinern begonnene und jetzt wenigstens bis ins XIV. Jahrhundert reichende *Histoire littéraire de la France* konsultieren, und für die im Spätmittelalter so wichtige Philosophiegeschichte das Handbuch von Überweg-Geyer[6]. Man lernt, sich in Manitius' Text auf das Kleingedruckte zu konzentrieren oder gar zu beschränken, auf die immer noch wertvollen Zusammenstellungen der «Zeugnisse» und der «Überlieferung». Hier hat das System der Literaturgeschichten im *Handbuch der Altertumswissenschaft* ein Netz sachlicher Information erzwungen, das auch dem schwächsten Artikel von Manitius noch eine gewisse Festigkeit verleiht und den Leser trotz oberflächlicher Darstellung noch auf den Kern, das Wesen und fast Einzigartige der mittellateinischen Literatur stößt: ihre breite Gegenwart in unseren Handschriften und Bibliotheken.

Die Fortsetzung des Manitius wenigstens bis ins frühe XIV. Jahrhundert, bis zu Dante oder Petrarca, bleibt *die* literaturgeschichtliche Aufgabe der Mittellateiner. Das Werk, das die Nachbarwissenschaften von ihnen am dringendsten erwarten, ist wenigstens eine komplette Literaturgeschichte. Die Byzantinistik verfügt bereits über zwei solcher Überblickswerke, die erwähnte Literaturgeschichte von Krumbacher (1891, ²1897) und diejenige, die sich Hans-Georg Beck und Herbert Hunger sozusagen geteilt haben[7].

Besser als um die allgemeinen mittellateinischen Literaturgeschichten steht es bei den *speziellen.* Die erste mittellateinische Gattungsgeschichte versuchte der Helmstädter Professor Polycarp Leyser, *Historia poetarum et poematum medii aevi*, Halle 1721. Im XX. Jahrhundert hat eine Geschichte der Lyrik im lateinischen Mittelalter geschrieben Frederic James Edward Raby[8] und eine solche des

---

[5] Straßburg 1902, München ²1963, ed. BULST.

[6] B. GEYER, *Die patristische und scholastische Philosophie*, Berlin ¹¹1928.

[7] H.-G. BECK, *Kirche und theologische Literatur im byzantinischen Reich*, München ²1977; H. HUNGER, *Die hochsprachliche profane Literatur der Byzantiner* t. 1–2, München 1978.

[8] F. J. E. RABY, *A History of Christian-Latin Poetry*, Oxford 1927, ²1953; ID., *A History of Secular Latin Poetry in the Middle Ages* t. 1–2, Oxford 1934, ²1957. Biographische

Dramas Karl Young[9]. Es gibt eine Geschichte der Autobiographie[10], der Biographie[11] und des Epigramms[12] und des Prosimetrums[13]. Wichtige Hilfsmittel zur lateinischen Dichtung des Mittelalters liegen in den *Initia carminum* vor[14], die meist hilfreicher sind als der Versuch von Joseph Szövérffy, eine Literaturgeschichte der lateinischen Hymnik zu schreiben[15]. Die am besten erforschte Literaturgattung des lateinischen Mittelalters ist die Geschichtsschreibung[16]. Auch existieren ansatzweise problemorientierte[17] oder auf bestimmte Zentren beschränkte Literaturgeschichten. Auf diesem letztgenannten Gebiet bestehen besonders gute Möglichkeiten moderner Literaturgeschichtsschreibung. Moderne Literaturwissenschaft fragt z. B. nach Produktion und Rezeption und ihren Bedingungen. Hier können die Mediolatinisten Interessantes beisteuern, z. B. die Bemerkung, daß Aufschwung der Grammatik-Studien und Intensivierung des an der Schule gelernten Lateins nicht unbedingt einen Aufschwung der Literatur bewirkt.

Würdigung Rabys von M. LAPIDGE in *Proceedings of the British Academy* 94, 1997, p. 686–704.

[9] K. YOUNG, *The Drama of the Medieval Church* t. 1–2, Oxford 1933, ²1951.

[10] G. MISCH, *Geschichte der Autobiographie* t. 1/1–4/2, Frankfurt a. M. ³1949–1969. t. 4/2.

[11] *Biographie und Epochenstil im lateinischen Mittelalter* t. 1–5, Stuttgart 1986–2004.

[12] G. BERNT, *Das lateinische Epigramm im Übergang von der Spätantike zum frühen Mittelalter*, München 1968. W. MAAZ, *Lateinische Epigrammatik im hohen Mittelalter*, Berlin 1992.

[13] B. PABST, *Prosimetrum*, Köln/Weimar 1994. Als «Vorstudie zu einer Gattungsgeschichte» erschien U. KINDERMANN, *Satyra*. Die Theorie der Satire im Mittellateinischen, Nürnberg 1978.

[14] D. SCHALLER / E. KÖNSGEN, *Initia carminum saeculo undecimo antiquiorum*, Göttingen 1977; dazu suppl., ed. T. KLEIN, 2005. H. WALTHER, *Initia carminum ac versuum medii aevi posterioris latinorum*, Göttingen 1959.

[15] J. SZÖVÉRFFY, *Die Annalen der lateinischen Hymnendichtung* t. 1–2, Berlin 1964–1965. Dazu ID., *Weltliche Dichtungen des lateinischen Mittelalters*, Berlin 1970.

[16] W. WATTENBACH, *Deutschlands Geschichtsquellen im Mittelalter bis zur Mitte des dreizehnten Jahrhunderts*, Berlin 1858; danach in vielen Auflagen und Neubearbeitungen erschienen.

[17] R. R. BEZZOLA, *Les origines et la formation de la littérature courtoise en Occident* t. 1–3, Paris 1958–1963.

Und umgekehrt: Die Scholastik z. B. bedeutete zweifellos einen Einbruch in der Qualität des Lateinischen. Die Expansion des Lateinischen als Wissenschaftssprache wurde aber durch die scholastische Geringschätzung der grammatischen Norm nicht beeinträchtigt. Der Lateinunterricht des Neuhumanismus ist auf stilistischem Höchstniveau – die Produktion des Lateinischen sinkt auf den Tiefstand und steht nahe bei Null.

Die Erforschung der einzelnen Skriptorien stellt die Materialien bereit, die es ermöglichen, die Fragen nach Produktions- und Rezeptionsbedingungen der Literatur von den Handschriften aus zu beantworten. Man könnte sich örtlich gebundene Literaturgeschichten vorstellen von monastischen Zentren wie Corbie, Fleury, Fulda und Montecassino oder von Domstädten wie Canterbury, Chartres, Durham, Köln, Lüttich, Regensburg, Verona. Ein Versuch für St. Gallen und die Reichenau liegt vor[18]. Wer sich auf einen Ort oder eine Landschaft begrenzt, kann solche Fragestellungen sehr genau verfolgen. Auf eine Stadt oder ein Kloster bezogene Literaturgeschichten gab es schon im Barock[19]. Man könnte sie mit neuem Leben füllen.

Zum Schluß dieses Abschnitts soll auf die anregendste und ideenreichste aller bisherigen Literaturgeschichten des lateinischen Mittelalters hingewiesen werden. Es ist Gustavo Vinays *Alto Medioevo latino*[20]. Das Buch trägt den belletristisch klingenden Untertitel *Conversazioni e no*; es ist die erste kompromißlos modern geschriebene Literaturgeschichtsschreibung des lateinischen Mittelalters. Vinay bringt keine Anmerkungen und wendet das der italienischen Literaturgeschichtsschreibung vertraute Auswahlprinzip der capolavori an. Die «Höhepunkte» von Gregor dem Großen bis zu Hrotsvit von Gandersheim sind beschrieben von einem in allerlei Wasser moderner Literatur gebadeten Autor, der das jeweils Neue in den Zeiten herauszufinden sucht und sich von einem besonderen Interesse für das Epische, Sagenhafte, Abenteuerlich-Sentimentalische im frühen Mittelalter führen läßt. Lateinische Literatur des Mittelalters wird dar-

---

18 W.B., *Eremus und Insula.* St. Gallen und die Reichenau im Mittelalter – Modell einer lateinischen Literaturlandschaft, Wiesbaden ^{2}2005.

19 Z. B. A. Veith, *Bibliotheca Augustana* t. 1–12, Augsburg 1785–1796.

20 G. Vinay, *Alto Medioevo latino*, Neapel ^{2}2003.

gestellt als eine Literatur, die uns nicht als Antiquare, sondern als Zeitgenossen angeht.

Ergänzendes: Luigi Alfonsi publizierte 1972 (Florenz/Mailand) eine Vorlesung *La letteratura latina medievale*, die auf 284 Seiten die wichtigeren Autoren vom V. Jh. n. Chr. bis 1350 überblicksartig behandelt. – Von Ezio Franceschini gibt es eine *Storia della letteratura latina medievale*, deren erster Teil nach der Bibliographie (im Gedenkband, ed. C. Leonardi, Bologna 1986) 1938 in Padua beim Verlag «G.U.F.» erschienen ist. Der zweite Teil ist in der genannten Bibliographie vergessen worden; deshalb sei er hier mit Titelblatt dokumentiert (Abb. 31).

Der ursprüngliche Verlag ist überklebt mit einem gestempelten Blatt «Libreria editrice Prof. R. Pàtron Bologna». Darunter steht: «Padova Gruppo Universitario Fascista 1939 XVII». «XVII» ist die faschistische Jahreszählung. Was «G.U.F.» in der offiziösen Bibliographie Franceschinis bedeutet, ist nun auch klar. Diesen Literaturüberblick arbeitete Franceschini um zu *Lineamenti di una storia letteraria del Medioevo Latino*, Mailand 1944, ^{2}1988.

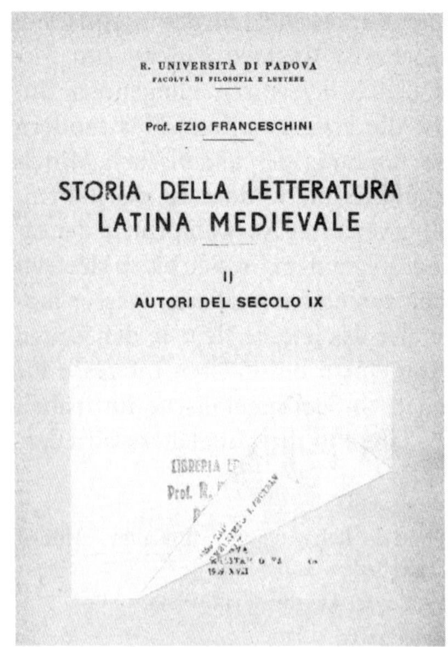

R. UNIVERSITÀ DI PADOVA
FACOLTÀ DI FILOSOFIA E LETTERE

Prof. EZIO FRANCESCHINI

STORIA DELLA LETTERATURA LATINA MEDIEVALE

II

AUTORI DEL SECOLO IX

Abb. 31 Eine zeitgeschichtliche Verwicklung. E. Franceschinis zweiter Vorlesungsband erschien 1939 im Verlag des Gruppo Universitario Fascista. Das Impressum wurde später überklebt mit einem Stempelblatt des Verlags Pàtron in Bologna.

XI

Mittellatein als Editionsphilologie

Viele der Namen, die im Lauf dieser Einführung genannt wurden, sind solche von Editoren. Als eine auf Handschriften basierende Wissenschaft hat sich das Mittellatein immer wieder mit der Frage auseinanderzusetzen, wie der in den Manuskripten überlieferte Text dem Leser dargeboten werden soll. Die maßgebenden Mittellateiner haben sich dem nicht entzogen. Traube hat die Editionstechnik der MGH Poetae (t. 3) auf das höchste Niveau gehoben; am Spezialproblem der Graecolatina kam das in cap. II zur Sprache. Auch Wilhelm Meyer aus Speyer ist mit Editionsaufgaben befaßt gewesen; er hat allerdings mit seiner geplanten Cassiodor-Ausgabe Theodor Mommsen so hingehalten, daß dieser schließlich unwillig und ärgerlich die Ausgabe selbst übernahm und Meyer in der Einleitung keines Wortes würdigte oder besser: keiner namentlichen Erwähnung. Zwischen den Zeilen allerdings stand sehr wohl der Name des ersten Göttinger Mittellateiners in wenig schmeichelhaftem Kontext[1]. Das sei erwähnt, weil es zur Geschichte des Fachs gehört. Von den Mittellateinern der zwei-

---

[1] MGH Auctores antiquissimi t. 12, 1894, p. CLXXIX: ‹Editio› *per annos plus quinquaginta a monumentorum Germanicorum curatoribus non solum expetita, sed adeo parata partim fati invidia, partim hominum ignavia factum est, ut nunc demum prodeat. ego eum laborem, postquam spem eius per alium iusto tempore perficiendi deponere debui, in me recepi invitus neque animo, sed officio oboediens.* «Diese Ausgabe ist von der Leitung der Monumenta Germaniae Historica nicht nur gewünscht, sondern auch vorbereitet worden. Aufgrund unvorhersehbarer Ereignisse aber auch menschlichen Versagens kann die Ausgabe erst jetzt erscheinen. Ich habe diese Arbeit gegen meinen Willen übernommen und bin dem gefolgt, was ich als meine Amtspflicht angesehen habe, nicht wonach mir der Sinn stand, nachdem ich die Hoffnung aufgeben mußte, daß ein anderer in angemessener Frist damit fertig würde.»

ten und dritten Generation waren die namhaftesten Editoren Strecker, Langosch und Bulst.

Eigentümlich ist es, daß die bedeutenden Editoren wenig Allgemeines oder Theoretisches zu ihren Editionen sagen wollen oder können[2]. Viele betrachten das Edieren als ein Handwerk, das man durch Edieren lernt. Dabei gibt es kaum ein Gebiet der Philologie, das theoretisch so konsequent durchgearbeitet ist wie das der Editionstechnik und Textkritik. Die *Textkritik* von Paul Maas[3] ist eine Abhandlung von 34 Seiten, die sich wie ein logischer Traktat liest. Der Abstraktionsgrad in diesem Buch ist derart, daß z. B. der Name Carl Lachmanns, desjenigen, der diese Wissenschaft eigentlich begründet hat, gar nicht mehr vorkommt. Manches ist kurios, z. B. auch, daß die maßgebende Rezension des Buchs von Maas, nämlich die von Giorgio Pasquali in *Gnomon*[4] um ein erhebliches Stück länger ist als das rezensierte Buch und daß diese Rezension dann ausgebaut wurde zu einem eigenen Werk von 525 Seiten[5].

Wie alle Fächer haben Textkritik und Editionstechnik ihre eigene Terminologie entwickelt. Da gibt es – um nur *eine* Wortfamilie aus diesem Fachgebiet zu nennen – Bindefehler, Leitfehler, Sonderfehler, Trennfehler. Das kann hier nicht erläutert werden; auch für das letzte Kapitel gilt, daß das, was relativ leicht in der aktuellen gedruckten Literatur zu finden ist, nur angesprochen wird. Sinnvoll scheint eine Besinnung auf das zu sein, worin der Qualitätssprung bestand, den das Edieren im XIX. Jahrhundert erlebte und der mit dem Namen Carl Lachmann (1793–1851) verbunden ist. Man hat schon vor Lachmann kritisch ediert, und wer möchte, kann das kritische Edieren bis zu den Homer- und Platon-Ausgaben der griechischen Philologen im ägyptischen Alexandria um 200 v. Chr. zurückverfolgen. Auch im Mittelalter ist philologisches Arbeiten nie ganz ausgestorben; jetzt stand die Bibel

---

[2] Eine Ausnahme ist die Plauderei von R. B. C. Huygens, *Ars edendi.* A practical introduction to editing medieval Latin texts, Turnhout 2000. Das Wasser unter dem Kiel des flotten Schiffleins ist gelegentlich flach; cf. den einzigen Satz, der dem Archetyp gewidmet ist (p. 62 n. 112): «Ω and ω is used to indicate an archetype only.»

[3] P. Maas, *Textkritik*, Leipzig ^{4}1960.

[4] G. Pasquali, rec. P. Maas, *Textkritik*, Gnomon 5, 1929, p. 417–435 und 498-521.

[5] Id., *Storia della tradizione e critica del testo*, Florenz ^{2}1952.

im Mittelpunkt des Interesses. «Von den Tatsachen der Überlieferung, vor die das abendländische Mittelalter gestellt war, hat kaum eine so viel beigetragen zur Erweckung seines kritischen Sinnes und zur Erweiterung des geistigen Horizontes, wie das Vorhandensein der drei Psalterien des Hieronymus, ihre Abweichungen von einander, ihre Beziehungen zum hebräischen Original und der Übersetzung der LXX, des Hieronymus ausführliche Erläuterungen zu einzelnen Stellen mit dem Hinweis auf noch andere griechische Übersetzer, die bündige, aber beredte Sprache, die seine kritischen Zeichen inmitten der Worte des Psalterium Gallicanum führten ...»[6].

Das ändert sich nicht unter den Humanisten. «Philologia sacra» nannte man jetzt die Beschäftigung mit kritischen Ausgaben der hebräischen, griechischen und lateinischen Bibel. Daneben entwickelt sich die kritische Beschäftigung mit Texten des griechischen und lateinischen Altertums; auch Texte des griechischen und lateinischen Mittelalters wurden auf der Basis möglichst mehrerer Handschriften ediert, freilich mit geringerer Sorgfalt als solche des Altertums. Die größte philologische Intelligenz zog die Bibel an; «Gott als Schriftsteller» (Johann Georg Hamann) war der interessanteste Gegenstand der «Philologia sacra».

Etwas Neues kam mit der frühen Romantik in den Blick der Philologen: die *volkssprachlichen Texte des Mittelalters*. 1796 veröffentlichte Friedrich Adelung – Neffe des Übersetzers des *Nouveau traité* – in Königsberg die *Nachrichten von altdeutschen Gedichten, welche aus der Heidelbergischen Bibliothek in die Vatikanische gekommen*, und drei Jahre später erschien, wiederum in Königsberg, ein zweiter Band dieser *Nachrichten* oder vielmehr Editionen, die der deutschbaltische Hofmeister in seinen Mußestunden während eines Romaufenthaltes seiner Zöglinge anfertigte. Ohne die beiden Bände Adelungs, die nach einer vernichtenden Rezension seitens der Grimm in völlige Vergessenheit geraten sind, wäre kaum jemand auf die Idee gekommen, zwanzig Jahre später die Codices Palatini germanici aus Rom für Heidelberg zurückzufordern. 1815 jagte der Freiherr Joseph von Laßberg auf dem Wiener Kongreß der bei dieser Gelegenheit feilgebotenen Nibelungenhandschrift (C) nach und schrieb, er verkaufe eher sein «letztes Hemd»,

---

[6] Traube, rec. J. E. Sandys, A History of Classical Scholarship, *Deutsche Literaturzeitung* 25, 1904, col. 133–136, hier col. 134sq.

als daß er die Nibelungenhandschrift «einem britischen Knochenvergraber» überlasse[7].

In dieses Umfeld ist der Student der Theologie und Philologie (1809–1813) Lachmann hineingewachsen, der 1816 an der Berliner Universität seine Habilitationsvorlesung hielt über «Die ursprüngliche Form des Nibelungenliedes», im selben Jahr den römischen Elegiker Properz edierte, 1826 das Nibelungenlied, 1829 Catull, Tibull und Properz, 1831 das griechische Neue Testament, 1838–1840 *G. E. Lessings sämmtliche Schriften* in 13 Bänden, 1842–1850 das *Novum Testamentum Graece et Latine* und 1850 eine Lukrez-Ausgabe.

Das Problem der Darstellung der Lachmannschen Methode ist, daß er selbst seine Prinzipien nie vollständig erläutert hat, sondern jeweils nur in den Vorreden das eine oder andere dazu sagte. Man muß sich also das System aus Zitaten zusammensetzen. Das Wichtigste steht wohl in der Vorrede zur Lukrezausgabe von 1850. Dort findet sich der entscheidende Begriff unter den Neuerungen Lachmanns, der *Archetypus*. Das ist die Textform, die man durch Abschreiben, Vergleichen und Gruppieren der Handschriften erreichen kann, der vorläufige Endpunkt des methodisch wissenschaftlichen Arbeitens mehr mechanischer Art. Direkte Kopien werden, sobald man sie erkannt hat, ausgeschieden, womit sich die Zahl der für die Edition relevanten Handschriften verringert. Abhängigkeiten der Handschriften untereinander werden durch die Beobachtung von Fehlern (bzw. Variationen) festgestellt, womit der Stellenwert der jeweiligen Handschrift klarer wird. Es handelt sich hier um 'mechanische' Prozesse, bei denen möglichst wenig subjektives Urteil mitwirken soll. Das Ergebnis dieser ersten Arbeitsphase der Edition ist der Archetyp.

Textgeschichtlich formuliert lautet die Definition anders. Der Archetyp ist textgeschichtlich gesehen «die Vorlage, bei der die erste Spaltung», d.h. die erste Divergenz der Handschriften begann. «Der Text dieses Archetyps ist frei von allen nach der Spaltung entstandenen Feh-

---

[7] E. Huber, «Joseph von Lassberg, Ritter und Romantiker», *Librarium* 16, 1973, p. 39–48, hier p. 41. Auch V. Schupp, «Joseph von Lassberg als Handschriftensammler», *Unberechenbare Zinsen*, (Ausstellungskatalog) 1993, p. 14–33. Aus der Bibliothek Laßbergs kam die Nibelungenhandschrift C 1853 nach Donaueschingen; seit 2001 liegt sie in Karlsruhe, Bad. Landesbibliothek als Hs. Donaueschingen 63.

lern, steht also dem Original näher als der Text aller Zeugen»[8]. Man darf den Archetyp nicht mit dem Original oder gar dem Autograph verwechseln. Der Archetyp ist vielmehr der Punkt einer Textgeschichte, bis zu dem man auf exakt nachprüfbaren Wegen kommt. Das Neue, das Wissenschaftliche am Edieren mit der Lachmannschen Methode liegt an einer Aufspaltung des Editionsprozesses zwei scharf getrennter Phasen. Es wird prinzipiell unterschieden zwischen
1) dem, was ohne eigenes Urteil nach Regeln der Fehleranalyse (Variationenanalyse) und im einzelnen nachprüfbar rekonstruierbar ist (= Archetyp) und
2) dem, was der Editor dann noch hinzufügt, um die verderbten Stellen zu heilen, um einen Text vorzulegen, der dem Original möglichst nahe kommt («Divinatio textus»).

Die Trennung des Arbeitsprozesses beim Edieren in einen Teil, bei dem der Editor strengsten Regeln unterworfen ist, der *Recensio*, und einen zweiten, bei dem er größte Freiheit hat, der *Emendatio*, ist das Neue. Edieren im Sinne Lachmanns heißt also, weder sklavisch eine Handschrift kopieren und eine Art Facsimile oder «diplomatische» Edition zu liefern, wie es im XX. Jahrhundert oft gemacht wurde, noch phantasievoll darauflos zu konjizieren, wie es oft im XIX. Jahrhundert noch geschah, sondern methodisch vorgehen in *zwei völlig* verschiedenen Arbeitschritten und Arbeitsweisen. Der Punkt, der den Perspektivenwechsel signalisiert, ist der Archetyp. Das ist nicht die Textphase, die man ohne weiteres drucken darf, sondern die, ab der die Frage erlaubt und erforderlich ist: Ist der Text sprachlich, inhaltlich richtig, kann er dem Autor zugetraut, dem Leser zugemutet werden usw.?

Im einzelnen ist natürlich alles wieder verschieden. Jede Edition muß der Überlieferungslage angepaßt werden. Ab dem X. Jahrhundert verfügen wir über Autographe, die uns der Sorge um den Archetyp fast entheben; aber nicht der um die rechte Textherstellung. Hier setzt dann gleich die zweite Phase des Edierens ein mit der Frage: Hat der Autor das, was in seinem Autograph steht, auch gemeint oder muß «emendiert» werden. Oft ist die Handschriftenüberlieferung so breit oder so divergent, daß der Editor entmutigt auf den Versuch verzichtet, bis zum Archetyp vorzustoßen. Man druckt dann nach einer sog. Leit-

[8] Maas, *Textkritik*, p. 6.

handschrift eine vorläufige Edition. Eine solche sollte allerdings den Versuch einer auf breiterer und methodischer Grundlage stehenden kritischen Edition nicht erübrigen.

*

Wir sind am Ende der Einführung; das letzte Kapitel war mehr ein Anhang als ein zentraler Abschnitt. Er war trotzdem stofflich und methodisch kein Fremdkörper. Stofflich, weil man beim Lesen mittellateinischer Literatur leicht einer Formulierung begegnet, die suspekt erscheint. Dann liest man den Apparat der Ausgabe mit, der je nach Editionstyp von sehr verschiedenartiger Aussagekraft sein kann. Hier lohnt es sich nachzusehen, ob der Editor sich mit den Grundfragen der Editionstechnik auseinandergesetzt hat.

Methodisch war die Textkritik und Editionstechnik einschlägig, weil sie zu einer der größten und nützlichsten philologischen Errungenschaften hinführte, eine Errungenschaft, die gegenwärtig allerdings von manchen nicht mehr realisiert wird[9]. Unsere momentane mediävistische Fixierung auf Handschriften, also etwas für die meisten Mittellateiner Charakteristisches, ist an diesem Verdunklungsprozeß leider nicht unbeteiligt. Um so wichtiger der Hinweis, daß es eine Lachmannsche Methode und die Denkfigur des Archetyps gibt.

---

[9] Beispiele bei W.B., *Mittellateinische Studien* <t. 1>, Heidelberg 2005, p. 389–394, hier p. 391sqq.

Appendices

MITTELLATEINISCHE SATZSCHLUSSTECHNIK

Eines der wenigen Mittel, Charakter und Qualität lateinischer Prosa mit objektiven Kriterien zu beschreiben, ist die Analyse der Cursus, die Satzschlußtechnik. Wir sprechen im folgenden nur von den akzentuierenden Satzschlüssen (nicht von den älteren quantitierenden, die sich aus Längen und Kürzen ergeben). Das Problem der Erfassung der akzentuierenden Satzschlüsse liegt darin, daß sie in der Kunstprosa der Spätantike bereits recht verbreitet waren – man lese z. B. die Prosa des Papstes Leo des Großen (440–461) oder die erste der sieben O-Antiphonen des Breviers (17.–23. XII); Beschreibungen dieser Technik aber sind erst ab dem XII. Jahrhundert zu finden.

Verschärft wird das Problem dadurch, daß manche modernen Darstellungen die mittelalterlichen Definitionen nur repetieren oder zusammenfassen statt einem unserem Verständnishorizont entsprechenden Zugang zu formulieren, wie man das in der Metrik längst getan hat (wo wohl niemand noch die mittelalterliche 'Prototypenlehre' benützt, die etwa alle daktylischen Verse aus dem Hexameter abzuleiten versuchte). Schließlich hat eine Abhandlung von Wilhelm Meyer aus Speyer[1] insofern eine unglückliche Rolle gespielt, als weithin für gesicherte Erkenntnis gehalten wurde, was partienweise doch nur Hypothese war[2]. Wir gehen von einer mittelalterlichen Beschreibung des rhythmischen Cursus aus[3]:

---

1 W. Meyer, «Die rythmische lateinische Prosa», *Gesammelte Abhandlungen zur mittellateinischen Rythmik* t. 2, Berlin 1905, p. 236–286.

2 Cf. T. Janson, *Prose Rhythm in Medieval Latin from the 9th to the 13th Century*, Stockholm 1975, p. 11sq.

3 P. C. Thurot (ed.), *Extraits de divers manuscrits latins pour servir à l'histoire*

Fit igitur cursus tripliciter: Uno quidem modo per trissillabam dictionem, cuius penultima acuitur, precedentis dictionis penultima similiter acuto accentu prolata, ut: non est pretermittendum virtutes. *Quodsi dictio trissillaba non occurrat, per dictionem monosillabam precedentem et finalem bissillabam potest fieri supplementum, ut:* tunc vere pervenitur in finem. *Et talis Cursus planus solet a dictatoribus appellari.*

Fit etiam cursiva locutio per tetrasillabam dictionem, cuius <ante>penultima corripitur, <precedentis> dictionis penultima acuto accentu prolata, ut: ille certe videtur operari iustitiam. *Quodsi dictio tetrasillaba non occurrat, per precedentem monosillabam <et> insequentem trissillabam potest fieri dictionis tetrasillabe supplementum, ut:* tunc facta dirigentur in exitus. *Qui Cursus ecclesiasticus appellatur.*

Fit et tertio modo cursus, cum penultima dictionis, que in fine distinctionis ponitur, acuitur, precedentis vero dictionis <ante>penultima gravatur; qui Cursus velox dicitur, ut: Cum res fuerit, temporibus debitis utiliter terminatur. *Quodsi dictio tetrasillaba non occurrat, potest suppleri tribus modis: per duas dictiones bissillabas, ut:* Quilibet debet satagere ad commoda vite sue, *vel per unam monosillabam precedentem et finalem trissillabam, ut:* Quicquid fit viriliter, totaliter est amandum, *vel per duas monosillabas precedentes et finalem bissillabam, ut:* Omnis humane vite condicio stat in bono.

«Ein Satzschluß entsteht auf dreierlei Weise: Erstens durch ein dreisilbiges Wort, dessen vorletzte Silbe betont ist, während das vorangehende Wort gleichermaßen mit Akzent auf der vorletzten Silbe gesprochen wird. Beispiel: *non est pretermitténdum virtútes.* Wenn kein dreisilbiges Wort zur Verfügung steht, kann ersatzweise ein einsilbiges Wort zu einem zweisilbigen Schlußwort hinzutreten, Beispiel: *tunc vere pervenítur in-fínem.* Ein solcher Satzschluß heißt bei den Stillehrern *Cursus planus.*

---

des doctrines grammaticales au moyen age, Paris 1869 (repr. Frankfurt a. M. 1964), p. 482. Als Verfasser gilt ein Laurentius v. Rom (saec. XIII), cf. N. Valois, *Bibliothèque de l'École des Chartes* 42, 1881, p. 190 n. 1.

Eine weitere Satzschlußform entsteht, wenn einem viersilbigen Wort mit Akzent auf der drittletzten Silbe ein Wort vorausgeht, das auf der vorletzten Silbe betont wird. Beispiel: *ille certe videtur operári iustítiam.* Wenn kein viersilbiges Wort zur Verfügung steht, kann ersatzweise durch ein einsilbiges Wort und ein folgendes dreisilbiges das viersilbige gebildet werden. Beispiel: *tunc facta dirigéntur in-éxitus.* Dieser [Satzschluß] heißt *Cursus ecclesiasticus.*

Drittens entsteht auch ein Satzschluß, wenn die vorletzte Silbe eines [viersilbigen] Worts, das am Ende eines Abschnitts steht, betont ist, das vorausgehende Wort aber einen Wortakzent auf der drittletzten Silbe hat. Dieser [Schluß] heißt *Cursus velox*. Beispiel: *Cum res fuerit, temporibus debitis utíliter terminátur.* Steht kein viersilbiges [Schluß-]Wort zur Verfügung, so gibt es ersatzweise drei Möglichkeiten: Zwei zweisilbige Wörter. Beispiel: *Quilibet debet satagere ad cómmoda vite-súe.* Oder ein einsilbiges Wort gefolgt von einem dreisilbigen. Beispiel: *Quicquid fit viriliter, totáliter est-amándum.* Oder zwei einsilbige Wörter und dann ein zweisilbiges. Beispiel: *Omnis humane vite condício stat-in-bóno.*»

Zwei Begriffe durchziehen die gesamte Darlegung: der Wortakzent und die Wortgrenze. Wenn wir nicht nur den Akzent graphisch darstellen, sondern auch die Wortgrenze, dann sehen die Beispiele unseres Lehrtextes (verkürzt auf die entscheidenden Wörter) so aus:

Cursus planus	*praetermitténdum | virtútes*	Normalfall
	pervenítur | in fínem	Ausnahmefall
Cursus tardus[4]	*operári | iustítiam*	Normalfall
= c. ecclesiasticus	*dirigéntur | in éxitus*	Ausnahmefall
Cursus velox	*utíliter | terminátur*	Normalfall
	cómmoda | vitae súae	Ausnahmefall
	totáliter | est amándum	Ausnahmefall
	condício | stat in bóno	Ausnahmefall

In ein Schema umgesetzt ist der Normalfall des rhythmischen Satzschlußes also:

[4] Zum Aufkommen dieser Bezeichnung G. LINDHOLM, *Studien zum mittellateinischen Prosarhythmus*, Stockholm/Göteborg/Uppsala 1963, p. 15.

Cursus planus	∼́ ∼ | ∼ ∼́ ∼
Cursus tardus (eccl.)	∼́ ∼ | ∼ ∼́ ∼ ∼
Cursus velox	∼́ ∼ ∼ | ∼ ∼ ∼́ ∼

Die Ausnahmefälle stellen für den Mediävisten, der seine Paläographie gelernt hat, keine Unbekannte dar. Denn auch nach der zunehmenden Einführung der Worttrennung im frühen und hohen Mittelalter bleibt es eine Schreibergewohnheit bis in die frühe Neuzeit, daß kurze Wörter mit dem folgenden optisch verbunden bleiben (also ohne Abstand [Spatium] geschrieben werden), insbesondere die Präposition mit folgendem Nomen. Und ebenso wie man diese zusammensehen kann, kann man sie auch zusammen aussprechen, also – um die Beispiele unseres Mustertextes aufzugreifen – sagen: ad|fínem, in|éxitus, est|amándum und stat|in|bóno (Das einzige Beispiel, das zögern läßt[5], ist vitae|súae).

Versuchen wir von der Wortgrenze ausgehend eine Definition des rhythmischen Satzschlusses: Der rhythmische Cursus (Satzschluß) ist die **akustische Axialsymmetrie** der letzten Wörter eines Satzes. Der Cursus planus entsteht durch betont – unbetont | unbetont – betont mit Abschlußsilbe. Der Tardus ist ebenso gebaut, hat aber zwei Abschlußsilben. Der Velox erweitert den Planus vor und nach der Wortfuge um je eine Silbe: betont – unbetont – unbetont | unbetont – unbetont – betont mit Abschlußsilbe.

Abschließend ist noch auf zwei Grundprobleme der Satzschlußuntersuchungen hinzuweisen. Erstens: Der Gebrauch des Cursus läßt sich nur erweisen, wenn eine hohe Prozentzahl der Satzschlüsse den drei Cursus-Typen folgt[6]. Zweitens: Wer sagt uns, wo ein Autor seinen Satz beendet? Der Editor mit seinen deutschen, englischen, französi-

---

[5] Dieses Zusammenziehen von bis zu vier Silben heißt beim Rhetoriklehrer Guido Fava (um 1229) consillabicatio, cf. F. diCapua, *Fonti ed esempi per lo studio dello Stilus Curiae Romanae medioevale*, Rom 1941, p. 70.

[6] DiCapua, p. 121–131 hat z. B. einen Brief Dantes an Kaiser Heinrich VII. analysiert und ist zum Ergebnis gekommen, daß von 158 Satzschlüssen 150 den drei geläufigen Typen entsprechen. Das heißt, daß Dante in diesem Brief die Regeln kannte und befolgte. Ein zweites relevantes Ergebnis ist in diesem Fall, daß der Cursus tardus (57 ×) der hier am häufigsten angewandte Satzschluß ist: für Dante und die Zeit ein ungewöhnliches Ergebnis, das sich aber durch die Würde des Adressaten erklärt. Man schreibt dem Kaiser eben anders als dem Volk von Florenz.

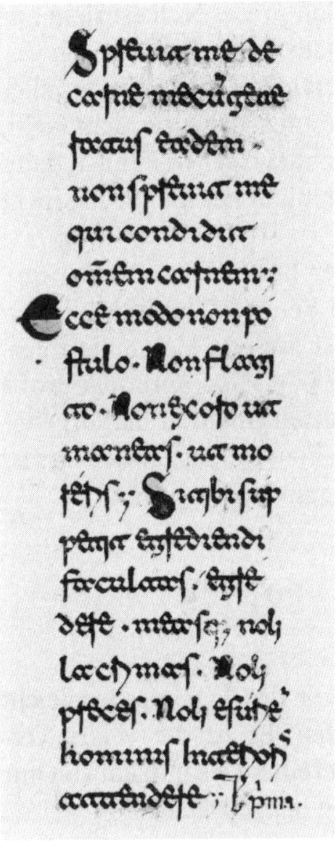

Abb. 32 Rom, Biblioteca Apostolica Vaticana Vat. lat. 1202 «Codex Benedictus», fol. 238^{v}–239^{r}: Alberich von Montecassino, *Vita S. Scholasticae*. Textausschnitt der maßgebenden zur Zeit und am Ort des Autors entstandenen Hs. mit mehrstufiger Interpunktion an elf Stellen; fünf davon bilden rhythmische Satzschlüsse. Ausschnitt, Originalgröße der ganzen Seite 36 × 23,5 cm.

schen, italienischen Interpunktionsgewohnheiten? Auf festem Boden stehen die Untersuchungen nur, wenn der zugrundegelegte Text auf einem autornahen Manuskript beruht und die Interpunktion dieses Ms. berücksichtigt wird. Der «Codex Benedictus» der Vaticana (Vat. lat. 1202) z. B., ein 'Hausbuch' von Montecassino aus dem Goldenen Zeitalter dieses Klosters (um 1072), enthält eine Scholastikavita des Rhetoriklehrers Alberich von Montecassino († vor 1105). Hier kann eine einigermaßen zuverlässige Klauselstatistik erhoben werden, allerdings nicht nach der gedruckten Ausgabe, sondern dem Facsimile von 1981 (Abb. 32).

Sprevit me de carne mecum gener**átus** | **eádem**·non sprevit me qui condidit omnem carnem·Ecce **módo** | **non póstulo**·Non flagito·Non **exóro** | **ut máneas**·ut moreris·Si tibi suppetit egredi**éndi** |

facúltas·egredere·measque noli lacrimas·Noli preces·Noli esuriem hominis interi**óris | atténdere** «Der mit mir aus demselben Fleisch Gezeugte hat mich verschmäht; nicht verschmäht hat mich der, der alles Fleisch geschaffen hat. Siehe, nun bitte, verlange, flehe ich nicht mehr, daß du bleibst, daß du verweilst. Wenn du hinausgehen kannst, dann geh hinaus und achte nicht auf die Tränen, nicht auf die Bitten, nicht auf den Hunger des inneren Menschen».

Das sagt Scholastika zu ihrem Bruder Benedikt, nachdem ihre Tränen wie ein Regenzauber wirkten und Benedikt daran hinderten seinen Willen durchzusetzen[7]. Der Text ist äußerst kleinteilig interpungiert: 11 × soll der Vorleser eine kleine (· + Minuskel) oder große Pause (· + Majuskel) einlegen. Zwei der Pausen (**halbfett** hervorgehoben) bilden einen Cursus planus und drei einen Cursus tardus. Das ist der Befund; nun kann die Interpretation beginnen.

ZUR 'KAROLINGISCHEN' AUSSPRACHE DES LATEINISCHEN

Die Paläographen können den Problem*laut* des Lateinischen leicht an der lateinischen Alphabettafel erkennen. Es ist der velare Verschlußlaut, der im lateinischen Alphabet bei einer Gesamtzahl von nur 23 Buchstaben nicht weniger als vier Stellen beansprucht:

C
G
K
Q

Dem G sieht man es an, daß es nur eine Variante von C ist: nämlich der *stimmhafte* Verschlußlaut. K wird im Lateinischen nur in ganz wenigen Wörtern und fast ausschließlich im Anlaut vor a gebraucht. Das aus dem Etruskischen stammende Q kommt nur vor u vor. G, K, Q haben also ihren festen Platz im lateinischen Lautsystem gefunden; es bleibt als Problem*buchstabe* das C übrig. Es bedeutet in klassischer Zeit den *stimmlosen* velaren Verschlußlaut

---

[7] Alberich, Vita et obitus S. Scholasticae, ed. A. LENTINI, *Medioevo letterario cassinese*, Montecassino 1988, p. 132–139, hier p. 136.

Caesar = kaisar.

Dieser Laut wird zum *apikalen* Reibelaut vor hellen Vokalen, also e und i, sowie den Diphtongen ae, oe, also

Caesar = tsaesar.

Diese Stufe wird in der Spätantike erreicht. Nur in Randgebieten der lateinischen Sprache bleibt die Aussprache des C vor hellem Vokal teilweise velar

centum = in Sardinien kentu
Patricius = in Irland Patrikius (engl. Patrick).

Diese Aussprache des C vor hellem Vokal ist das wesentliche phonetische Merkmal der 'karolingischen' Aussprache, die sich in Mitteleuropa bis in unser Jahrhundert gehalten hat

Pater noster, qui es in caelis	= tsaelis (im hohen Mittelalter tselis)
Sanctificetur ...	= sanctifitsetur ...
Dona nobis pacem	= patsem.

In Italien ist die phonetische Entwicklung im hohen Mittelalter weitergegangen: Der apikale Reibelaut ts wird zum alveolar-palatalen Zischlaut ts → ʃ:

tʃelis
santifitʃetur
patʃem

Frankreich bewegt sich am weitesten fort von der klassischen Basis durch die spätmittelalterliche Weiterentwicklung der Aussprache von c vor hellem Vokal. Der Laut ts wird zu einem einfachen Zischlaut s. (Zusätzlich verschiebt sich in der frz. Lateinaussprache der Akzent)

selís
sanctifisetúr
pasém.

Den Prozeß der Aussprache von C vor hellem Vokal faßt man unter dem Begriff der *Palatalisierung* zusammen. Dazu gehört noch eine zweite für den Lauteindruck wichtige Entwicklung; -ti- vor Vokal wird assibiliert, und es entsteht derselbe apikale Reibelaut wie bei c vor hellem Vokal:

et ne nos inducas in tentationem = tentatsionem

Dieser Wandel ist von mehreren Grammatikern des V. und VI. Jahrhunderts n. Chr. festgeschrieben worden, am genauesten von Q. Papirius (ed. H. Keil, *Grammatici latini* t. 7, Leipzig 1880, p. 216. An den mit * bezeichneten Stellen steht in der Handschrift nicht s, sondern z): *Iustitia cum scribitur, tertia syllaba sic sonat, quasi constet ex tribus litteris t, s* et i, cum habeat duas: t et i. Sed notandum, quia in his syllabis iste sonus litterae s* inmixtus inveniri tantum potest, quae constant ex t et i, et eas sequitur vocalis quaelibet, ut Tatius et otia, iustitia et talia. Excipiuntur quaedam nomina propria, quae peregrina sunt. Sed ab his syllabis excluditur sonus s* litterae, quas sequitur littera i, ut otii, iustitii. Item non sonat s*, cum syllabam ti antecedit littera s, ut iustius, castius.* «Wenn *iustitia* geschrieben steht, dann klingt die dritte Silbe so, wie wenn sie aus drei Buchstaben bestünde, obwohl sie nur zwei hat, nämlich t und i. Aber es ist zu beachten, daß in solchen Silben der Laut s [zwischen t und i] nur eingeschoben zu finden ist, die aus *ti* bestehen und denen irgendein Vokal folgt, wie *Tatius*, *otia*, *iustitia* und so fort. Ausgenommen sind gewisse Eigennamen fremder Herkunft [wie *Antiochia*]. Auch wird [aus euphonischen Gründen] nicht assibiliert, wenn der Silbe *ti* ein *s* vorausgeht, wie in *iustius* und *castius*».

Register

HANDSCHRIFTEN

NAMEN